大家小书

民俗与迷信

江绍原 著
陈泳超 整理

北京出版集团公司
北京出版社

图书在版编目（CIP）数据

民俗与迷信 / 江绍原著；陈泳超整理．— 北京：
北京出版社，2016.7
（大家小书）
ISBN 978-7-200-11970-1

Ⅰ．①民…　Ⅱ．①江…　②陈…　Ⅲ．①风俗习惯—研究—中国②迷信—研究—中国　Ⅳ．①K892②B992

中国版本图书馆CIP数据核字（2016）第064812号

总策划：安　东　高立志　　　责任编辑：陈金华　陶宇辰

· 大家小书 ·

民俗与迷信

MINSU YU MIXIN

江绍原　著　陈泳超　整理

*

北京出版集团公司
北京出版社　出版

（北京北三环中路6号　邮政编码：100120）

网　址：www.bph.com.cn

北京出版集团公司总发行

新华书店经销

北京华联印刷有限公司印刷

*

880毫米×1230毫米　32开本　8.5印张　150千字

2016年7月第1版　2023年6月第5次印刷

ISBN 978-7-200-11970-1

定价：36.00元

质量监督电话：010-58572393

序　　言

袁行霈

“大家小书”，是一个很俏皮的名称。此所谓“大家”，包括两方面的含义：一、书的作者是大家；二、书是写给大家看的，是大家的读物。所谓“小书”者，只是就其篇幅而言，篇幅显得小一些罢了。若论学术性则不但不轻，有些倒是相当重。其实，篇幅大小也是相对的，一部书十万字，在今天的印刷条件下，似乎算小书，若在老子、孔子的时代，又何尝就小呢?

编辑这套丛书，有一个用意就是节省读者的时间，让读者在较短的时间内获得较多的知识。在信息爆炸的时代，人们要学的东西太多了。补习，遂成为经常的需要。如果不善于补习，东抓一把，西抓一把，今天补这，明天补那，效果未必很好。如果把读书当成吃补药，还会失去读书时应有的那份从容和快乐。这套丛书每本的篇幅都小，读者即使细细地阅读慢慢地体味，也花不了多少时间，可以充分享受读书的乐趣。如果把它们当成补药来吃也行，剂量小，吃起来方便，消化起来也容易。

我们还有一个用意，就是想做一点文化积累的工作。把那些经过时间考验的、读者认同的著作，搜集到一起印刷出版，使之不至于泯没。有些书曾经畅销一时，但现在已经不容易得到；有些书当时或许没有引起很多人注意，但时间证明它们价值不菲。这两类书都需要挖掘出来，让它们重现光芒。科技类的图书偏重实用，一过时就不会有太多读者了，除了研究科技史的人还要用到之外。人文科学则不然，有许多书是常读常新的。然而，这套丛书也不都是旧书的重版，我们也想请一些著名的学者新写一些学术性和普及性兼备的小书，以满足读者日益增长的需求。

“大家小书”的开本不大，读者可以揣进衣兜里，随时随地掏出来读上几页。在路边等人的时候，在排队买戏票的时候，在车上、在公园里，都可以读。这样的读者多了，会为社会增添一些文化的色彩和学习的气氛，岂不是一件好事吗？

“大家小书”出版在即，出版社同志命我撰序说明原委。既然这套丛书标示书之小，序言当然也应以短小为宜。该说的都说了，就此搁笔吧。

江绍原及其礼俗迷信小品

陈泳超

一

江绍原（1898—1983），祖籍安徽旌德，生于北京。曾就读于上海沪江大学、美国加利福尼亚大学文学院，因病回国。1917—1920年，入北京大学哲学系学习，参加“新潮社”，为五四运动学生总代表之一。1920年下半年起，被选派至美国芝加哥大学比较宗教系学习，后又在依利诺大学获哲学博士学位。1923年回国后，历任北京大学哲学系教授、广州中山大学英语系教授兼代理主任、大学院特约编撰员，先后在北京女子大学、中法孔德研究院、中国大学、西北大学等处供职，新中国成立后曾任山西大学英语系教授兼主任、中国科学出版社编审以及商务印书馆编审等职。主要从事比较宗教学、民俗学的研究工作，曾在中山大学、北京大学等创设“迷信研究”课程，与钟敬文、娄子匡等共同发起成立杭州的“中国民俗学会”，发表了许多迷信与民俗方面的研究文章，并出版《发须爪——关于它们的迷信》等学术专著，其早期的研究成果斐然可观、卓有影响，是我国现代民俗学奠基人之一。

江绍原当行的专业是比较宗教学，但在1923年回国后，他很快就将研究转移到了民俗学方面。这就被同校教员周作人引为同调了。周作人作为五四新文化运动凌厉浮躁的健将，或者尚有因缘际会的偶遇，但他对于国民性的关注，却是一以贯之的。而要了解国民的感情生活，周作人觉得宗教最是重要，但急切不能直入，而民间传承却“正是绝好的一条途径”，所以说“欲了解中国须得研究礼俗”（《周作人回忆录》，第662页，湖南人民出版社，1982年）。在为江绍原《发须爪——关于它们的迷信》一书写的序言中，周作人平实地记录了两人从相交到相知的简要过程：

绍原是专攻宗教学的。我当绍原在□□大学时就认识他。有一天下课的时候，绍原走来问我日本的什么是什么东西，又领我到图书馆阅览室，找出一本叫做《亚细亚》的英文月报翻给我看，原来是什么人译的几首“Dodoitsu”，日本人用汉字写作“都都逸”，是近代的一种俗歌。我自己是喜欢都都逸的，却未必一定劝别人也去硬读，但是绍原那种探查都都逸的好奇与好事我觉得是很可贵的，可以说这就是所以成就那种研究的原因，否则别人剃胡须，咬指甲，干他什么事，值得这样注意呢？绍原学了宗教学，并不信那一种宗教，虽然有些人颇以为奇（他们以得宗教学者即教徒），其实正是当然的，而且因此也使他更适宜于做研究礼教的工作，得到公平的结论。（江绍原：《发须爪》，第三页，上海文艺出版社，1987年影印本）

周作人在1924年11月《语丝》第一期上发表《生活之艺术》，认为中国的"礼"的本意就是指Art of Living，只是后来才堕落为Rite of Living。江绍原在《语丝》第三期上对此表示了不同意见，认为周作人的根本主张虽然是极可赞赏的，但未免把"礼"太理想化了，或者根本就没有本意上的"礼"，真正合乎今人之用的礼或曰"生活之艺术"，是须得以今人的科学知识、道德标准和艺术兴趣来重新研究制订的。周作人对此也很表同意。由于江绍原始终对周作人执弟子礼，两人又都有诙谐幽默的性情和文风，江绍原索性就戏称周作人为"礼部总长"，周作人也顺势回封江绍原为"礼部次长"，两人间关于"礼"的探讨和研究文字，也被江绍原戏称为"礼部文件"，共得九份，后五份基本是江绍原个人对于传统礼制的专项研究心得。这些在戏噱外衣包裹下的切实的探究，当时曾发生很大的影响，对于江绍原来说，也奠定了他礼俗研究的基本格局。他后来赖以成名的著作《发须爪——关于它们的迷信》，就是在“礼部文件”之九的基础上增订完成的。

1926年7月，江绍原在代替徐志摩主编《晨报副刊》的时候，开始发表自己关于迷信礼俗方面的所谓“小品”，后来又在《语丝》（周作人、江绍原均为主要发起人）上接续发表，引起了读者很大的兴趣，并不时有呼应和回复的意见贡献，这对于江绍原研究的进步和兴趣的增广，是一个很大的助力。他在《语丝》155期上发表的小品《移过；移病》里说：

因为这是我的笔记“小品”第一次在中国南部发表，我想我应当把小品的范围、性质、体裁和旨趣等等，略加说明。小品不是“文艺”作品，也不是“随感”“漫录”一流的无归宿无鹄的的杂俎。小品只是我从各种文献和地方搜集来的资料，关于我国古今的迷信、礼俗和宗教的。有些要研究的题目在心里；凡是特地找来或无意中碰见的与它们有关的材料，无论怎样琐碎，我都记或抄在小品里面，有时并略加剖析讨论，有时不。至于我所以要把它们发表在杂志报章上，也有用意：我想引起一些人对于迷信礼俗的兴趣，并且借此请求他们把每人所知道的性质相同或略同的东西写出来供众人研究。从我过去的经验看来，小品的确能达到它的目的，这就是说，小品的确有人看，而且他们肯把看了之后所想起的各种传闻事实，写信告诉我。外面来的信只要其中有可采之处，我收到之后就也替他们发表出来。这些材料，不是发表之后便算完事，反之，将来我写正式的论文或专书之时，是要尽量引用的。

江绍原后来持续发表了这类小品有550余篇，一直延续到1931年前后，成为了影响广泛的"江记"报章学术品牌。

二

江绍原与周作人当初以"礼部职守"和"礼部文件"作文字往来的时候，戏嚎固然是其主调，却也含有相当的现实关怀。就在1925年的夏天，据称有鉴于人民"或竞尚新奇、或流于简亵，内损国信、外失观瞻，有意谋整齐画一之必要"，内务总长龚心湛"拟在内部设立礼制编纂会"，业经阁议通过并组织就绪，正会长即由龚总长亲自担任。江绍原将这一消息火急报告给周作人，周作人却不疾不徐地安抚他，说该会制定的只是Rite，将来也必然只是"一纸空文，毫无实效"；而本部所关注的是Art，是要制出"'活泼泼地'鸢飞鱼跃的气象之礼，与彼辈截不相同”（《周作人文类编》9，第30—31页，湖南文艺出版社，1998年）。尽管江绍原并不同意把“生活之艺术”当作是“本来的礼”，但是对于“生活之艺术”的追求，他和周作人是基本一致的。而所谓“生活之艺术”，按照周作人的意思，是“只在禁欲与纵欲的调和”。这话听起来无甚高论，只是如何在二者之间“微妙地混合取与舍”，的确是很微妙的。更不幸的是，这样对微妙的咀嚼，放在几个讲究情趣的文人之间讨论，以滋养些生活艺术的根苗，原本不可谓无益，但是如果放到当时的社会当中，或者是想把这般理想化的“礼”推广为社会民众的“俗”，就不免让人立时气短起来。且看当时社会上发生的一些事件——

北京军民长官率领众和尚长跪求雨，各报均有报道，《顺天时报》并有照（周作人：《求雨》，见《谈虎集》，第214页，岳麓书社1989年）；

长辛店绅商联合各界求雨三天，其形式据《世界日报》1927年6月30日载：“是用寡妇二十四名，童男女各十二名，并用大轿抬了龙王游行，用人扮成两个忘八，各商家用水射击他，鼓乐喧天，很是热闹”（周作人：《再求雨》，《谈虎集》第216页）；

《妇女杂志》等1924年刊载某教育会联合会之议决案，要求女生一律着“袖必齐腕，裙必及胫”的制服，以防止“扬袖见肘，举步窥膝”，有伤“众流仰望”之体面（周作人：《论女裤》，《谈虎集》第121页。被江绍原列为“礼部文件”之三）；

甚至国民革命领袖孙中山先生陵墓将竣之时，社会上还谣传要摄取一千童男女之灵魂，以致宁沪一带有小儿之家人心惶惑，忙碌着各取诸物厌禳（见本书《“总理造墓须摄童男女魂灵”之谣言》）；

……

可见，对于改造社会民众来说，恐怕更急迫的不是如何立“礼”（生活之艺术），而是破“俗”。所以，周作人说：“我相信要了解中国须得研究礼教，而要了解礼教更非从萨满教入手不可”（周作人：《萨满教的礼教思想》，《谈虎集》第202页）。那么了解之后如何解决呢？周作人贡献两条意见：“其一，发达上去，进为一神的宗教；其二，被科学思想压倒，渐归消灭。”并认为第二条路更彻底。这是他1920年的想法。但是到了1926年，周作人失望地说：“‘彻底’是决没有的事，传教式的科学运动是没有用的，最好的方法还只是普及教育，诉诸国民的理性。”（周作人：《乡村与道教思想》，《谈虎集》第205—206页）尽管从本心上说，他对此也并没有多少信心，而且越到后来越至于消沉，但他还是很愿意看到有人来做这样的事的。而江绍原的知识和兴趣，正是最适合做这项工作的，更难得的是，他比周作人要“情热”（《谈虎集·后记》第371页）得多。

江绍原关于迷信研究的宗旨与方法，集中体现于他的《中国礼俗迷信》一书里。该书原是江绍原30年代在北京大学开设“礼俗迷信研究”课时所用的讲义，生前并未发表，后由王文宝先生整理修改，于1989年由渤海湾出版公司出版。江绍原在该书中为迷信下了这样的定义：

> 一切和近代科学相冲突的意念，信念以及与它们并存的行止，我们皆呼为迷信，其中有一部分（或许是一大部分）普通常用“宗教”“法术”两个名词去包括。（第4页）

江绍原承认科学当然也不是万能的，而且就其历史来说，也是始终处于变化发展之中的，但是毕竟在大多数情况下，迷信是处于科学的反面，并是被科学证明为虚妄的东西。所以，他很肯定地说：“迷信研究是（对）人类文化演进程途中黑暗错误方面的研究。”（《中国礼俗迷信》，第41页）

具体的迷信研究，江绍原依循着两条路数展开：一是用近代科学的方法和知识揭露迷信事项的虚伪。他在小品系列里一再强调说，有些迷信在受过相当教育的人看来，仅凭常识一望即知其为迷信，但是真要说明它的虚妄，却必须具备各种专业知识，有时就非得求教于物质科学、生物科学以至人文科学工作者，甚至还可能要向不止一门科学讨教。所以，江绍原屡次呼吁各方面的科学工作者都来介入这项工作，并广而言之说："一切真实的学问都是涉及迷信研究和破除迷信的。"（《中国礼俗迷信》，第42页）二是对于已知是虚妄的迷信，还要努力对其产生及其被人信受的原因给予恰当的说明。正如他在《发须爪——关于它们的迷信》之"导言"中所说："在叙述的工作之外，我们还希望能将那种观念的出发点或云那种观念所以能出现的原因，也能多少加以说明。叙述了事实，然后人知科学时代与前科学时代的发须爪甲观，确是两付面孔；叙述之外又加以解释，然后人知前科学时代的这一部分思想，尽管荒诞，却不是无因而至的。"（《发须爪》，第10页）这后一种思路，其根柢还在于当时颇为流行的人类学派的理论。周作人很早就信从了人类学派的理论，对弗雷则（Frazer）的著作尤其喜爱，并借用其成果和方法来对许多现代礼俗、迷信、心理等所包含的野蛮因子予以揭示。江绍原受周作人影响，对人类学派也异常倾心，而且由于他对迷信礼俗事项钻研得更深，所以他除了一般地用我国的事项来印证人类学的理论或借用国外同类事项及心理来对本国迷信予以解说外，还能深入到那些事项的内部，发现其特殊的解说原理及其结构逻辑，这样的研究，应该说更具有学术的品格。

不止于此，江绍原的迷信礼俗研究，还具有直接的现实参与的意识，尤其是小品，天生短小迅疾，可以很快捕捉到现时发生的活生生的迷信事例，比如本书选录的关于胡进士的传单、关于孙中山陵墓的谣言等，都是即时发生的事件，而江绍原以一个民俗学家的身份，给予了相应的分析。正是基于自己所做的这些切实的研究工作，江绍原对当时一些在表面上闹腾的所谓破除迷信运动很是不满。他在1929年2月15日写给周作人的信中就说："不彻底的破除迷信运动，早已知其不能成功。民众的程度固然不够，即领袖们亦何尝够格？"（张挺、江小蕙：《周作人早年佚简笺注》，第383页，四川文艺出版社，1992年）这绝非露才扬己、危言耸听。就在那一年的破除迷信运动中，就发生了不问青红皂白的毁庙事件。江绍原急切地指出，迷信虽然不应该提倡，但许多庙宇、偶像是应该保存下来供研究之用的，为此他请求身份与影响远胜于自己的周作人出来说话，认为或许于事有补（《周作人早年佚简笺注》，第378页）。但是周作人并不愿意，他倒不是不赞同江绍原的意见，甚至可以说他在这方面的思考比江绍原还早，也更深入，问题是1929年的周作人，早已觉得有理说不清、世事无可为，而开始倡导“闭户读书”了（《周作人早年佚简笺注》，第145页）。

总的来说，迷信是“前科学时代”的产物，是科学的反面，这是没有问题的；但是迷信也并不一定全无科学价值，个人的科学知识有限，有些被视为迷信的观念，或许倒是民众天才的科学感知，也并非全无可能。江绍原对此也保持着一定的理解，比如本书选录的关于“月光能力”的问题，江绍原就承认里面可能有部分的真理。况且科学本身也是有限度的，是在不断变化发展之中的，对此，江绍原理论上是承认的，但是在他全部的迷信研究中，这一面却不占什么位置，这也许会带来某种程度上的偏颇。比如对于中、西医的优劣关系问题，江绍原是坚决拥护西医、反对中医的，他的小品有一百四十多篇均是所谓“国人对于西洋方药医学的反应”系列，基本都是揭露中医虚妄的言论，有时甚至是很激越的。在1928年10月8日给周作人的信中，江绍原说在医院碰到了陈万里，陈万里主张以前以中医反对西医和以西医反对中医都是错的，提出应该赶紧整理中医，但江绍原本人坚持认为“打倒中医是第一件事，打倒后再整理不迟”（《周作人早年佚简笺注》，第362页）。

在1929年3月8日的信中，江绍原甚至说："现在似已有了一个癖，一星期不写一两篇骂'反动派'（医学上的）的文章，便非常不舒服！"（《周作人早年佚简笺注》，第390页）。这在今天看来，难免有些偏激，但在当时，却也有相当多的同志，比如周作人。周作人在1928年8月写的《新旧医学斗争与复古》一文，就是从江绍原攻击中医说起的。他根据英国肯斯顿博士所著《医学史》的四阶段说，即（1）本能的医学，（2）神学的医学，（3）玄学的医学，（4）科学的医学，认定中医尚处于"玄学的"阶位，是需要向"科学的医学"发展的。这样，他认为医学只有一个，与其说是中西的差别，不如说是前后新旧的差别，中医是旧的、复古的，西医则是新的、革命的，那么中西医学的高下，就断然明确了；而中西医学的斗争，已经不光是医学问题，本质上是复古与进步的社会思潮的大问题了。这里充分体现了周作人和江绍原的气质差别：当江绍原血脉贲张地攻击中医时，周作人只是"远迢迢地望着"（以上均见周作人：《永日集》，第89页，岳麓书社，1988年）；但是当周作人开始说话时，语气上虽然仍是舒徐，似乎不如江绍原激烈雄宏，但下的断语却截然不移，也显得更有学理和底气似的。

三

最后对于本书的编选作一些交代。

北京出版社的“大家小书”系列有意收入江绍原关于迷信礼俗的研究，初拟是重印《发须爪——关于它们的迷信》，这当然也是名实相符的。不过我以为选编江绍原的小品系列更有意思。因为《发须爪——关于它们的迷信》，其实也就相当于某一专题的小品的综合，虽说在整体感上比较优越，但是它的思路和论点并未超越小品太多，放大为专著，填斥更多的同类材料，反而显得比较单一、累赘。这在当时或许有其必要，但在科学更见昌明的今天，有些科学道理和迷信妄诞是一望可知的，过多的罗列材料，反而会伤及阅读的趣味。而小品以展示事项为主，每一事项视其需要给予长短不一的解说，便把道理讲明白了，而事项本身及其蕴涵的正邪之理，却依然是“活泼泼地鸢飞鱼跃的气象”，我以为这更能引起阅读的兴味。再说，这样多少也可以展示些学术研究的过程，而不单单是结论。

另外一个意思是，《发须爪——关于它们的迷信》早已成为名著，所以流通较广；而小品系列，尽管当初曾经轰动一时，但后来一直没有整理出版。我对于江绍原先生的学问文章，是素所仰慕的，对特别能体现其灵动风格的小品系列，尤有爱好。所以在征得出版社同意后，即将可能找到的原载小品的刊物都翻看一过，从中选取了八十余篇，分五个专题，勒为一编。其中关于发须爪甲以及血液迷信的内容，因为已有专书（江绍原生前曾编订《血与天癸》一书，惜至今未能面世），一般就不再入选了；至于大量的关于中医的批判性小品，因其太长太专深，且其科学性似有待重估，也就尽量少选了；便是入选诸作，也未必尽属科学，全无谬疵，它们毕竟是八十年前的见解了，之所以酌量选入，只是斑窥存真的一点意思，想来以今日读者之高明，洞见其微应该是并不费力的；另有些篇章，又颇具文人意气之争的笔调，我等隔着时空“远迢迢地望着”他们在文雅地吵架，或许孳生出些会心的微笑，大概也不算太亏于忠恕。

最后需要说明一下的是，江绍原当时为了把自己的小品系列办成公众讨论式的“大家的小品”，所以经常把一些师友同好的文章或通信发表在小品系列之中，虽然在具体的文字下是注名原作者的，但在本书的版权页上，却只能署“江绍原撰”的字样。这其实也并不违背实情，因为那些文字都是围绕并且通过江绍原才发表的，想来这也是符合那些先辈学人的心意的。

江绍原的小品系列数量既多，编号又不是很有规律，有时候发表时间晚的反而写作较早，本书按内容分类编排，所以不出现各小品的编号。在编选中最为麻烦的是，江绍原的小品分别发表于《晨报副刊》《语丝》《一般》《贡献》《新女性》《北京大学日刊》等多种报刊，查找起来颇不便利。赖王文宝先生、江小蕙女士以及日本学人子安加余子小姐的大力帮助，我才大致摸清了小品的底细，但是像20年代北京的《国民晚报》和杭州的《民国日报》，至今我也不知道哪里有收藏，所以其中登载的几十则小品，尚未寓目，这是至为遗憾的。所以特别企望博识之士体察江绍原先生“大家的小品”之宗旨，惠予垂告，日后或有机缘将其小品全部结集出版，则幸何如哉。

2002年10月1日

目 录

一、姓名

“名礼”

“名礼”一词，可以成立；从前有没有人用过，是不成问题的。

研究先民有多少种名，每种名是他们一生中在何时得到和怎样得到的，以及命名时所守的禁忌和所遵的义理为何——这些若总称为“古代名礼的研究”，亦极便利。

我们曩述古冠礼，曾于文中杂引《大小戴》《左传》及他书，为名礼研究发凡。今日又见《白虎通义》“姓名”章，亦有些有关的材料。

> 《礼服传》曰，子生三月则父名之于祖庙；于祖庙者，谓子之亲庙也，明当为宗庙主也。一说名之于燕寝：

> 名者，幼小卑贱之称也，质略，故于燕寝。《礼内则》曰，子生，君沐浴朝服，夫人亦如之，立于阼阶西南，世妇抱子升自西阶，君名之；嫡子，执其右手，庶子，抚其首；君曰，“钦有帅”，夫人曰，“记有成”，告于四境。四境者，所以遏绝萌芽，禁备未然。故《曾子问》曰，世子生三月以名告于祖祢；《内则》记曰，以名告于山川社稷四境；天子太子，使士负子于南郊……

关于命名的地点，显然有两说：一云祖庙（与冠时的“字”同）；一云燕寝即可，因“名”不过是幼小卑贱之称（非“字”之比也）。《白虎通义》引了来证第一说之《礼服传》，“今无此文，盖逸礼也”（陈立疏）。

第二，《白虎通义》云，君之子既名，则以之告于祖祢、山川、社稷、四境。然它所引“告于四境”和“告山川、社稷、四境”之文，均不见于今本《内则》。又今本《曾子问》只载君薨而世子生，三日，则祝史奉太宰命以名遍告“五祀山川”，不云君在位时世子生三月，亦须以名告于祖祢。告于四境以“遏绝萌芽，禁备未然”云云，我殊不得其解。

我曾有“冠而字之，隐其名也欤”之提议。意云本名常被人呼唤，未免利少害多，坐是之故，长者负责另予幼者以“字”，以备一般人称呼。这个提议如其不错，那么古人的“名”与“字”必相去甚远，使旁人决不能从“字”猜到他的“名”。奈何《白虎通义》云：

> 或旁其名为之字者，闻其名即知其字，闻字即知其名。若名赐字子贡，名鲤字伯鱼。

陈立疏曰：

> 礼疏引卢氏礼注云，古者名字相配，是旁其名为之字也。子贡当作子赣。钱氏大昕《养心录》云，《说文》贝部，“赣”赐也，“贡”献也，两字音同义别，子贡名赐，字当作“赣”。《论语》作“贡”，唯《乐记》一篇称“子赣”，解与《论语》同……其说本于臧氏琳《经义杂记》。

我们至今犹受名字相配说的支配。例如我本名绍源，字澄甫；后因避讳改名绍原，字亦变为诚甫。杨振声，字金甫，是个更恰当的例（成语：金声玉振）。不过是：诸君如必要用名字相配之一成说，来推倒我的字以隐名之假定，应请先说明“名字相配”之原则是与既名复字之习俗同样或几乎同样的“古”。这事似不易办到。我们还是谈汉口、汉阳在谁手里的问题吧。

我们的疑古玄同先生，主张（并实行）废姓。我说，姓而可废，“字”尤不宜存。隐“名”以保身的必要，我们大多数人似已不觉得有。万恶的军阀官僚们中，更有几个真怕旁人指名诅咒的？

世人“名”复“字”，自他都费事。写信与请帖，尤其记不起。“张效帅”是谁，我至今不晓。屡次想问人，又怕旁人笑。我见胡石青，分明有三次。我喝凉开水，他讲考试制。他同我谈天，说他种过地。后来做中原公司的“会计”。其实“总经理”，押韵的关系。其后又游历，出版过游记。现在专读书，遂彼生平志。《晨报》我常看，知他爱演说。华语与法大，政治的哲学（学字豫音）。近来看《晨报》，知有胡汝麟，荣任教次长，走进麒麟门。这位胡先生，是个什么人？心里真纳闷，欲问不敢问。昨见周岂威，同他谈起了。“胡汝麟是名，胡石青是号。”说完微微笑，笑我不知道。我听完这话，吓了一大跳。想象一青年，带着些炸弹。要炸死赵玉，因他是狗官。半月没得手，花街柳巷走。盐城赵白坚，投机结为友。某夕吃醉酒，坚白与青年。坚白开口问，你有何贵干。“我为赵玉来，炸那忘八蛋。”“你是共产党，赶紧抓、抓、抓。”艳琴房里审，法官拍桌骂：“该死的东西，敢来扰京华！赵玉巡阅使，坚白是他号。天佑我中华，你自入网套。不打你共产，老子打你笨：‘名’‘字’辨不清，还想大事任！来来给我打，打五百军棍。打完这蠢货，拖到天桥去！”

——《语丝》第99期

1926年10月2日

“呼名落马”

九月廿四日上午，俞平伯兄来谈。蒙他见告，《封神演义》里面，说起过呼名落马之术。我处适有此书，当时就开卷同看。他去后，我将有关的文抄在这里备查：

飞虎曰：“张桂芳乃左道旁门术士，俱有幻术伤人。”子牙曰：“有何幻术？”飞虎曰：“此术异常。但凡与人交兵会战，必先通名报姓。如末将叫黄某，正战之间，他就叫‘黄飞虎不下马更待何时！’末将自然下马。故有此术，似难对战。丞相须吩咐众位将军，但遇桂芳交战，切不可通名；如有通名者，无不获去之理。”子牙听罢，面有忧色。旁有诸将不服此言的，道：“岂有此理！那有叫名便下马的！若这等，我们百员将官，只消叫百十声，便都拿尽！”众将官俱各含笑而已。（第三十六回）

待张桂芳与黄飞虎交战时——

张桂芳仗胸中左道之术，一心要擒飞虎。二将酣战未及十五合，张桂芳大叫：“黄飞虎不下马更待何时！”飞虎不由自己，撞下鞍鞒。军士方欲上前擒获，只见对阵上一将，乃是周纪飞马冲来，抡斧直取张桂芳。黄飞彪、飞豹二将齐出，把飞虎抢去。周纪大战桂芳；张桂芳掩一枪就走，周纪不知其故，随后赶来。张桂芳知道周纪，大叫一声：“周纪不下马更待何时！”周纪掉下马来。及至众将救时，已被众士卒生擒活捉，拿进辕门……次日张桂芳亲往城下搦战。探马报入丞相府曰：“张桂芳搦战。”子牙因他开口叫名字便落马，故不敢（缺字），传令且将免战牌挂出去。（同上）

在这个当口，幸亏太乙真人遣徒李哪吒下山助姜。且看哪吒的神通：

> 张桂芳大战哪吒三四十回合。哪吒枪乃太乙仙传，使开如飞电绕长空，风声临玉树。张桂芳虽是枪法精熟，也自雄威力敌不能久战，遂用道术，要擒哪吒。桂芳大呼曰："哪吒不下车来更待何时！"（站在风火轮上面的）哪吒也吃一惊，把脚蹬定二轮，却不得下来。桂芳见叫不下轮来，大惊，老师秘授之叫语捉将、道名拿人，往常响应，今日为何不准？只得再叫一声，哪吒只是不理。连叫三声，哪吒大骂："失时匹夫！我不下来凭我，难道你强叫我下来！"张桂芳大怒，努力死战。

结果左臂被哪吒飞起的乾坤圈打伤。他败进营里去了。欲知哪吒为什么不怕叫名，且看第三十七回的分解：

> 子牙又问："可曾叫你名字？"哪吒曰："桂芳连叫三次，弟子不曾理他罢了。"众将不知其故：但凡精血成胎者，有三魂七魄，被桂芳叫一声，魂魄不居一体，散在各方，自然落马；哪吒乃莲花化身，周身俱是莲花，那里有三魂七魄，故此不得叫下轮来。

午饭后我又摊开书来读，见其下接着说姜子牙因事情危急，遂亲往昆仑山求元始天尊帮他破张桂芳。元始命取封神榜给他，并告以西岐乃有德之人，一切自有高人相辅，此事是不消他过问的。

子牙不敢再问，只得出宫；才出宫，门首有白鹤童儿曰："师叔老爷请你！"子牙听得，急忙回至八卦台下，跪了。元始曰："此去，但凡有人叫你的，不可应他；若是应他，有三十六路征伐你。东海还有一人等你，务要小心，你去吧。"子牙出宫，有南极仙翁送子牙……南极仙翁曰："上天数定，终不能移。只是有人叫你，且不可应他——着实紧要。我不得远送你了。"子牙捧定封神榜，往前行至麒麟崖，才驾土遁，脑后有人叫"姜子牙"，子牙曰："当真有人叫，不可应他。"后边又叫"子牙公"，也不应；又叫"姜丞相"，也不应。连声叫三五次，见子牙不应，那人大叫曰："姜尚，你忒薄情而忘旧也。你今就做丞相，位极人臣，独不思在玉虚宫与你学道四十年，今日连呼你数次，应也不应。"……

那叫他的是申公豹。此人叫姜，确是没怀好心，我们从下面的经历可以看出：交谈时他欲说子牙背周扶纣；子牙不从，他就挥剑把自己的首级取下，往空中一掷，它游遍千万里红云之后，又复归公豹的颈上；以此惑子牙，使他认输失节。不是南极仙翁出来破法，“子牙乃忠厚君子，险些儿被这孽障惑”。自此申公豹记恨在心，誓把西岐搅成一个血海骨山。子牙何尝是莲花化身，苟非元始与南极仙翁警告在先，怕他的魂灵儿不被那骑白额虎的申公豹，活活的唤了去！

有几点我想我们应该注意：

第一点：呼名落马，不像纯粹是小说家之言。个人单独交战和交战前的互报姓名，都是古时实有的事。呼名能使来将魂不附体，或系从前军旅中通行的迷信；而且许有咒诅等法并传，非仅一呼而已。

第二点：哪吒虽是莲花化身，但他被呼第一声之时，“也吃一惊”。这“吃惊”，在哪吒以外的人，自然是目瞪口呆，魂飞魄散之第一步。

第三点：申公豹叫姜子牙之时，陆续用了各种称呼；这些称呼的先后次序，也值得注意。他先呼姜（姓）子牙（号），继之以子牙公（号与尊称），又继之以姜丞相（姓与官职）；子牙终不敢应，申才怒呼其姓与名（姜尚）。呼全姓名实在最有效——最能使被呼者魂不附体，但申惟恐姜尚明白这层道理不肯答应他，故只得择其次善者姜子牙（姓与“字”）而呼之。第二次叫的“子牙公”三字，虽不带姓却包括“字”，又其次善者；奈姜仍不应，于是申公豹施其下下之策，几乎完全失望的，喊了一声姜丞相。但这位姜丞相终于抱定了“为人不开口，神仙难下手”主义，于是申公豹技穷；不但技穷，而且大怒，故他最初本想叫，只因怕被对面人识破所以不敢叫的“姜尚”二字，遂冲口而出。这不但是傲慢之声，也是失败之声啊。

天下事一闹到“斥名”，未有不糟者。故我前一二十天写给徐志摩先生的信，因里面有“梁启超”和其他不妥之处而徐公大怒。又如石蘅青先生，去夏他在武昌大学评议会的席上，大嚷“我不怕你黄侃”，而黄季刚先生就答以“我也不怕你石瑛！你叫我黄侃，我就叫你石瑛”！但姜子牙公的气量，比——譬如区区我——到底大许多倍：故申公豹虽然面斥其名，他只是道歉：

> 兄弟！吾不知是你叫我。我只因师尊吩咐，但有人叫我，切不可应他，我故此不曾答应，得罪了。（第三十七回）

带住！我这是写“小品”，不是著作什么伦理学教科书！

第四点：莲花化身云云者，似乎有印度的气息。然呼名可以制魂魄之说，必系百分之百的国产，无须乎旁的民族输入的。

9月26日，后局大院5号

——《语丝》第102期

1926年10月23日

“寄名”

支那民族的名礼名观，我颇想研究一下，做成一篇岂明先生所谓“方板的论文”。但这事谈何容易：散见经籍中的资料，有待搜寻；从未著录的民俗，尤需探访。而此二事，都需要一段长时间的努力。于是我决计这样着手了：先把特地找来的或偶然见闻到的事实，随时写在“小品”里发表；正式的方板的论文，待将来再经营。这样做，于我有种种好处；其中有向读者们声明的必要的，只是下面的一种，曰：可以多得到些同志的合作。我所收的零碎，如其不断的印出来，必可以触动大家的记忆，引起大家的搜集采访，可以催大家提笔，更可以使大家因观摩而记忆愈灵，采访搜集愈勤，提笔记录愈加高兴。读者们之中，哪一位不具有百分之百的合作精神？行见他们都来利用洋鬼子代管理的极其得法的邮务机关，把各人所得，纷纷寄来，让我们付印，以至于“小品”成为“大家的小品”，“礼部”亦成为全中国的“礼部”也，岂不懿欤！是为序。

十五年九月二十八日，于北京地安门内后局大院五号欠租斋。

泾县胡朴安编辑的《中华全国风俗志》，其下编卷三页七三至七四云：

吴县之奇俗

吴县有小儿寄名神佛之俗，此风全境皆然。盖富贵家之小孩，娇生惯养，大半身体柔弱，时膺疾病，其亲乃至庙烧香，用红布制一袋，置小儿年庚于其中，俗名“过寄袋”，悬佛橱上。自是以后，每旧历年终，寺僧备饭菜，送小儿家中，名曰“年夜饭”，其亲必给僧以钱；凡送三年始毕。当过寄时，僧为小儿取名，譬如神佛姓金，即取名“金生”“金寿”等类。其亲并携小儿来庙拈香，呼神为“寄爷”。及至成年完婚后，乃将红布袋取回，名曰“拔袋”。

按：小儿认生人为“寄爷”者，也往往以其人之姓嵌入所命之新名；其连送三年“年夜饭”（与“压岁钱”）也，亦同。然我们尚不敢断言此即“寄名神佛”之俗之所本，除非我们已知寄名给活人之俗，确较另一俗为早。

“借名”

岂但大“神佛”的姓或名号的前一字，常被人求去与小儿为名，甚至于一小神如广东曲江的石公，其名亦有人“借”用。看胡书下编卷七，页三八至三九：

曲江之北，有大山二，一狮子山，一即象山。两山相接处，有石门，乡人称为双石门，为曲江通海之道。一般乡愚，呼之为石公。有时小儿啼哭不安，即选择黄道日，备香糕果品素斋纸钱锡箔等等，至双石门借名。其名必嵌有“石”字；先用硃纸请道士书“双石成”或“石天保”等名字，至双石门拈香祈祷后，将硃纸所书之名，贴于石门上，沿途唤所取名字，还家。俗传如此能使小儿强壮，易于长大。此种举动，俗称“借名”。俟小儿成年嫁娶后，仍备香烛糕果等物，至双石门设祭，称为“还名”。职是之故，双石门前，几于每日咸有借名还名者。

按：克实说来，本没有姓金的佛（看上条）——例如：金光明佛则诚有之，但是万不能说此佛姓金；至于本条的石公，尤其不能说是石神之名。石公者，无名之神也；人以其与石有或种关联，故漫以石公呼之耳。这犹之乎被我们呼为“卖落花生的”那个人，自有他的真名姓，虽则我们不知；而且我们也万不能因为不知就说他姓卖名落花生，或姓卖落名花生。以上所说，固然是极浅显的道理，但是也仅仅是“道理”而已；事实上，金光明佛和石公都被认为百分之百的神名。因此金光明佛一名号之内的“金”字，和石公一假定名之内的“石”字，皆被取为小儿之名。

苏州人的寄名和曲江人的借名，其手续尽管很相似，但是这两个名词真正的涵义却大有分别。只把小儿的名写在纸上，然后悬在庙里或贴于石门上，为“寄名”。为小儿命新名而将神的名号嵌入一二字，为“借名”。寄名如喻为存款，则借名是借债。其初本是两件事，后来不知怎的合为一事耳。二者既合为一，于是父母不必只将小儿已有的名在神前注册，而可以进一步借神之名名之。神的资本似乎并不是无限的。故他既然好意借了点给人，人就应及早还他，免得他上门用强硬的手段讨债。

双石成、石天保等名，令我联想到关于孔子的“名”“字”之传说。祷于尼邱而生的子名之曰丘并以仲尼为字，和为已生之儿祷于双石门后而命以石天保或双石成之新名，此二者，谁能说不是类似的举动呢?

“偷名”

胡志，同条续云：

> 至偷名之举，则先探知某家人丁兴旺，请人向某家偷一饭碗及筷；偷时，如为其家所觉，则云“不到”，复更人去偷。偷名者返时，儿母抱小儿于门前迎接，称为“接名”；偷名者呼名，儿母即代儿应之。以为偷取名后，自此可无灾病矣。

偷名之俗，不限于曲江。如我们暂时释“偷名”为偷取人丁兴旺之家的小儿名，则其动因实与“认干爷”不同。认干爷的目的之一，在求得他的姓为名或他赐小儿的新名，因而小儿从这个大人身上得到新生命。偷名却是夺取旁家小儿的生命给自己的小儿，其为不道德的行为，岂非显而易见。

被偷名的小儿，一定受损失；他的大人知道了之后，也一定有相当的抵制法。妻云，杭州俗传，如失窃碗筷的人家知是偷名者所为，则不验；反之，如其家实不知，大声叫骂，则偷者可以放心。这个传说的根据，极容易看出：盖偷名而被对方觑破，其人必有寻找，恢复，或他式反祸为福的行为；倘若那个人家幸而并不疑心到偷名上，则赃物的安全，可不发生问题矣。

“撞名”

在《中华全国风俗志》下编卷八第三十四页，有这么一条：

贵州盘县小儿之撞名

盘县初生小孩，除寄拜干父母外，有一种“撞名”之风俗。倘有时小孩有疾，以箸占卜，许以撞名。于是择黄道吉日，在大路之畔，陈列果品，焚香烧钱，而后静伺行人。第一经过其畔之人，便以为小孩之干父母，享以果品，以求认继。而其人无论如何，不能推却，只得承认为干父母，并为小孩易以姓己之姓，并另更一名；又须以钱物给与小孩，以当贽见。如彼此相邻近，以后便各（？）亲戚之往来。若相距太远，或穷富相悬太差，成礼以后，便即完结也。

被撞着的人所以不得拒绝做干父母，决非碍于情面，因两方许完全是陌生的人。既然如此，那么，他的不拒绝必不外乎以下两个原因了：或者是乐于卖个“惠而不费”的人情，虽则即使坚决拒绝也于他无损毫发；或者是非承认不可，否则对方暗地里要下毒手。毒手不一定杀害他之谓；用法术把他或他的亲人的名唤来给小儿为名，也于他不利。第二个或论，是很有可能性的，虽则我们的记载中，没有直接的证据。箸卜在撞名的预备工作中，必有极关重要的机能；我们的记载不明为可惜耳。

附注：

胡志“以抄自方志者为上编（合肥阚君、江宁郑君，及胡姪），抄自近人笔记、游记、日报、杂志者为下编”。下编所载，全未注明出处，是此书一大缺点。

——以上4篇见《语丝》第105期

1926年10月30日

无题

1926年11月5日《大同晚报·晚霞栏》，载有驳《“呼名落马”》的一篇短文。全文如下：

《封神演义》中的“呼名落马”这事，诚如江绍原君所说：“……呼名能使来将魂不附体，或系从前军旅中通行的迷信，而且许有咒诅等法并传，非仅一呼而已。”我想此或是脱胎于“含沙射影”的江中之蜮的方法！又或如方士之“象人”而诅咒之的邪术。又我记得某笔记小说，曾记有一事，大概谓山行者，闻身后有呼声，切不可应，应则必死；呼者，为人头蛇，一名娃娃蛇。必俟人答应，蛇乃能应声追至而噬之。暂时忘其书名——呼名落马，或亦源于此说。

江绍原君又就申公豹呼姜子牙的事，断定“申公豹呼姜子牙时，用了各种的称呼，这些称呼的先后次序，也值得注意”。他说：“……呼全姓名实在最有效……但申公豹惟恐姜公明白这层道理，不肯答应他，故只得择其次善者（姓与字）而呼之。第二次叫的‘子牙公’三字……

又其次善者；奈姜仍不应，于是申公豹施其下下之策，几乎完全失望的，喊了一声姜丞相……于是申公豹技穷，不但技穷，而且大怒，故他最初本想叫……不敢叫的'姜尚'二字，遂脱口而出。”江先生虽然自己说不是著作什么论（伦？）理学，可是应用论理的推证，也可谓极其精妙了！

精妙虽则精妙，我想，多少总失之臆断了。申公豹当时的用心，未必这样，呼名的次序，未必这样值得注意。依我的意思，呼名不必要呼全姓名，重要的只在被呼者之答应不答应。虽然例以避讳和古人不愿别人知道自己的名字等事，呼名确较呼字号严重些，但在申公豹当时，却未必如此。申公豹初呼姜子牙，只是普通表示亲迎而尊敬的意思。子牙公、姜丞相，愈加尊敬了，姜尚，乃是怒而斥名，至此分际，更不望姜氏好好答应了。这实在是一般的常情，在戏剧中，尤见不一见，并没有什么特别的意思。江君很费心思地去推论，凭推论而下断定，下工夫则下工夫矣，却实在全不是那么一回事，此之谓劳而无功。

唠唠叨叨写了一大堆废话，读者或摸不着头脑，归根结蒂说一句：“呼名只重在被呼者之答应或动心，并不一定要呼全姓名。”

忱君驳我的话，是极。硬把自己的见解“读到”书里面去，的确是个毛病；凡犯这个毛病的人，的确是“劳而无功”。

他说呼名只重在被呼者之答应或动心，并不一定要呼全姓名，这话也似乎很可信。我希望忱君再为呼名问题花点工夫，多引些笔记、古书或俗传，来肯定他所要说明的那一点。也许古今人自己早已明白的那样说过。假使如此，我们尤其应知。

至于他疑呼名落马脱胎于蜮所用的方法或源于娃娃蛇的呼人，我觉得均不甚可信。我个人的意思以为，我们与其随便的说呼名落马起源于此或彼，不如就我们力之所及，先把一切关于名或呼名的传说，搜集在一处，备自己或旁人研究。

忱君又提到方士之象人而咒诅之的邪术。据我所知者而论，方士们所造的桃木人等等，其上不一定书名。但如其写名，是以哪一种名为最好呢？还是各种名一样的有用？这一层也颇值得注意。

我这里还有一些关于名的笔记，发表后盼忱君和其他的人照常批评指教。倘若他们肯把自己在报纸上发表的关于此事的文章寄一份给我，我更加感谢——因我家只看得起一份日报。

又《“呼名落马”》“伦理学”三字不误。

11月13日，灯下

——《语丝》第110期

1926年12月18日

“家父家母”乎？“杨坚夫妻”乎？

《隋书》卷四十五：

太子（高祖第四子，名秀）因作偶人，书上及汉王姓字，缚手钉心，令人埋之华山下。〔上〕令杨素发之……〔后又〕下诏数其罪曰，汝……鸠集左道，符书厌镇。汉王于汝，亲则弟也；乃画其形象，书其姓名，缚手钉心，枷锁杻械，仍云请西岳华山慈父圣母，神兵九亿万骑，收杨谅魂神，闭在华山下，勿令散荡。我之于汝，亲则父也；复云请西岳华山慈父圣母，赐为开化杨坚夫妻，回心欢喜；又画我形像，缚手撮头，仍云请西岳神兵，收杨坚魂神。如此形状，我今不知杨谅杨坚是汝何亲也……

文帝对不肖的儿子生气，我们诚然怪他不得。但太子既然采用镇压法去对付父和弟，便绝对有书其名（呼其名）的必要。真实的全姓名与仿真的形象画，二者若缺其一，试问那偶人怎能代表活杨坚活杨谅？而况事须吁请西岳公公和西岳奶奶；凡夫山灵，分隔云泥，岂能拘拘普通礼法，而擅用“家父母”“舍弟”一类的字样呢？礼曰“君前臣名，父前子名”。华山尊神，太上君父也，于其称己父名弟名何伤？然则秀之直书姓字，不惟合乎法术原理，即于礼亦无悖焉，妙哉！

十六年八月廿七夜，于杭州

——《贡献》一卷8期

1928年2月15日

呼名姓而魂飞越

绍原兄：

记得前在尊斋谈及“呼名落马”与“魂魄之是否多元”，当时只空论一番而罢。顷阅宋人《青琐高议》中录有秦醇之“温泉记”一节，殊有意致，抄奉如下：

俞（俞，张俞，非平伯之华宗）异日宿温汤市邸……乃就枕，才合眼，见二短黄衣吏立于床下。一吏曰，“召其魂也？召其梦也？”一吏曰，“奉命召魂。”吏曰，“魂俱去，留一魄以守其宅。”吏于袖间出一物若银钩，以刺入胸中，亦不甚苦痛，以手执钩尾大呼俞名姓，又小呼数声。俞或（疑“忽”之误）立于阶下，回顾尸于床上……复见前童引吏还，入门，吏推仆乃觉。

案此节有可注意者数点：魂游与入梦不同，一也；魂魄俱多数，二也；魂可钩引而出，三也；精魂位于心胸，四也；以呼名姓而魂飞越，五也；呼有大小之别，想互有其功能，六也；有所谓“守宅”之说，七也。宅之须守，殆恐游魂夺窍，如俗说借尸还魂者乎？此守字当读如“以某师守某地”之守，以为然乎？三（？）魂七（？）魄扫数开拔，则根本重地能无危乎！此一魄留守之说也。草草奉告，尚祈转陈岂威上将军公布之，俾得为香蕉冰淇林之续，曷胜激切屏营之至！

平伯（十五年）十一月十三晨

绍原按：平伯兄所用的《青琐高议》是董康刊本。

——《贡献》一卷8期

1928年2月15日

唤醒“阿姑”和呼名剁骂

绍原先生：

读《语丝》上的《呼名落马》和转录忧先生的《驳“呼名落马”》之后，忆起俗间两桩关于呼名的事来：

（一）

潮安民俗，在每年八月里，妇女们间有一种“迓阿姑”（迓或写作关，又名落阿姑）之戏。此戏似乎和《荆楚岁时记》中的“迎紫姑”有点瓜葛。其法：在几个妇女之中，任定一人做“阿姑”。她被推定之后，即靠桌瞑目静坐，两手合掌置于面前，掌间插一炷香。其余的她们，手中各执一物（或箸或小木块），以之击桌；口中则各念咒语。念咒声与击桌声，轰然相杂。好一会，她（做阿姑的）状若昏睡；继则双掌放松，身躯摇动，两手频频拍桌，好像有异物附身似的。这时候叫做“阿姑来了”。于是她们停止击桌并念咒，而杂向“阿姑”（问她时这么称呼）问话。或问休咎，或问天宫地府里的事物。她（即阿姑）也会应答，不过有时应答得很对，有时却答非所问，或只管自言自语似的。最有趣的是她所说的话，往往是有韵的歌词，或竟唱起戏来。这样玩至差不多兴阑了，或恐怕她过于疲劳时，她们就另念咒语，并呼名叫她醒来。据说，叫醒她来之法，以呼名为最灵验。所以在未要叫她醒来之前，最忌误呼她的名。倘若失口呼出，她就会在半途陡然觉醒过来。

（二）

尝见村妇相骂，甲妇手执一菜刀，频频剁于木板上，且剁且呼乙妇的名，并加以咒骂。乙妇见之，怒不可遏，抢着去打甲妇。一般看热闹的人们，也咸表同情于乙妇，而不直甲妇之所为。据一般人的批评谓：姑无论曲在谁方，但是这种“呼名剁骂”的作法，是不能轻易施行的。因为这种作法，是极毒的；在被“呼名剁骂”的人，是很不利的。

依这两事看来，似乎很合于先生所谓“呼名可以制魂魄”之说。至于她们所呼的名，却不是“全姓名”。因为我国的女子，出嫁之后，便以夫名为名，自己的名，再没有人呼唤。故在（一）事，所谓呼名就是某嫂，或某婶。在第（二）事则斥她为某妐（音亩，妇也）或某婆。从这一点看来，则又合于忱先生所谓“呼名只重在被呼某之答应或动心，并不一定要呼全姓名”了。鄙意以为，呼名尤其是重在被呼者之动心；被呼者一动心，魂魄便摇摇不定，而竟为人所制了。这个臆说，不知有当于尊意否？耑此，敬祝撰安！沈时宣，于广东潮安华美乡。

十六，一，七

——《贡献》一卷8期

1928年2月15日

甑甑报信，栲栳堕井

景深先生请看：

（1）唐钟辂《前定录》：

> 柳及，河南人，贞元中，进士登科……家于沣阳，尝客游至南海……娶岑氏女，生男名曰甑甑……携妻于归

宁沣阳……未再岁重游南中……于武仙再娶沈氏。会公事之郡……时当秋夜分之后，天晴月皎，忽于牖中见一小儿，手招沈氏曰，“无惧无惧……某甑甑也，以去年七月身死，故来辞别。凡人夭逝未满七岁者，以生时未有罪状，不受孽报，纵使未即托生，多为天曹权禄驱使。某使当职役，但送文书往来地府耳。天曹记人善恶，每月一送地府。”……其夕即又于牖间以手招及……及曰，“试为吾检穷达性命，一来相告。”答云“诺。”复夕乃至曰，“冥间有一大城，贵贱等级，咸有本位，若棋布焉。世人将死，或半年或数月内，即先于城中呼其名。”时甑甑已闻呼父名也，辄绐而对，既而私谓沈氏曰，“阿爷之名已被呼矣，非久在人间……”后四月，及果卒……

（2）同书次条：

延陵包隰，因选溯舟于隋河，时以迫选限，舟人寡而力殆，乃率同舟僮仆辈七八人，次为之挽，过符离县之西，有古树，树下有穴，根槃于上，若废井然，而一仆忽误堕落，久而方出，乃提一片石，广四寸，其文曰，“旁有水，上有道，八百年中逢栲栳。”众咸奇之，而莫知所谓，寻问坠坑者名栲栳也。时元和三年九月二十一日矣。

第一条自然又是姓名被呼魂便飞越之实例。“甑甑”与次条中“栲栳”两个用器名，亦极有趣。甚盼先生看后肯把所听见或看见的这一类的名字，多多见告。

十六年十一月廿日，于杭州

——《贡献》一卷8期

1928年2月15日

呼山水诸精之名

（1）“小品”十一论人知鬼魅之名则它们不敢来侵犯。今日读《抱朴子·登涉》篇，见其中尚有些同样的话未采。

山中山精之形如小儿而独足，足向后，喜来犯人。人入山谷，闻其音声笑语，其名曰蚑，知而呼之，即不敢犯人也；一名热内，亦可兼呼之。又有山精如鼓，赤色，亦一足，其名曰晖；又或如人长九尺，衣裘戴笠，名曰金累；又或如龙而赤色五角，名曰飞飞；见之皆以名呼之，即不敢为害也。山中有大树，有能语者，非树能语也，其精名曰云阳，呼之则吉……山水之间见吏者，名曰四徼，以其名呼之，即吉。山中见大蛇著冠帻者，名曰升卿，呼之即吉。

（2）又《管子》云：

涸水之精名曰蚴，以名呼之，可取鱼鳖。

十七年补按：呼之则“不敢犯人”“不敢为害”，与呼之则“吉”，似颇有别。或许是这样的吧：有些精怪怕人呼其名，故一呼便可以把它们吓走；又有些精怪喜欢人见面时招呼它们一声，故呼其名则它们非但不来伤害人，而且给人好处。犹之乎你碰见张作霖时最好立刻打个千儿，口称“张元帅”或“元帅”，他一高兴也许派你做个次长，这样，岂不省得你在北京请假三月，到南方来谋官做吗？

——《贡献》一卷8期

1928年2月15日

二、性爱

“干斋”

我写《古冠礼研究》一文时，因提议冠者在行礼前或许斋戒，曾将斋的一般意义述了几句。太常妻一年三百五十九日斋云云者，恰巧被我遇着，所以也引入。其出处，则迟至今日始于《汉官仪》（汉军谋校尉应劭撰，孙星衍校集）卷上里面发现。文云：

> 北海周泽为太常，斋，有疾。其妻怜其年老被病，窥内问之。泽大怒，以为“干斋”。掾吏叩头争之，不听，遂取送诏狱，并自劾谢。议者非其激发不实。谚曰：
>
> 居世不谐，为太常妻：
>
> 一岁三百六十日，

三百五十九日斋。

一日不斋醉如泥，

既作事，复低迷。

（见《初学记》《艺文类聚》《太平御览》三书“职官部”）

太常是掌礼仪祭祀的专官，祭祀前他奏其礼仪，及行事主导赞天子（《续汉书·百官志》，又《太平御览》职官部）。所以像周泽的那种行动，从坏的方面说，固然是不近人情，然从好的方面说，未始不是他意识自己的职分地位和他竭力保持自己的圣洁之表示。

我们看“干斋”的女子须送狱与夫掾吏至以叩头争，可悟当时人把那件事认为何等重大的罪过。干斋者如其有罚，冠于庙时胡乱闯入或偷看行礼的女子又将何如?

然当时的士大夫和一般人，究竟已从原始思想得到或种解放，所以自上到下，都能表同情于太常的妻。那个嘲笑太常妻们的谚，尤其不能说里面没有“反宗教”的精神吧？真乃治中国宗教史中国道德史者的好材料也。

——《语丝》第98期

1926年9月26日

求爱的法术和祈祷

我国男女们求偶或求爱的法术，我在广州第一中山大学所编的《迷信研究讲义》颇收入了一些。这种把戏，他国自然也有；那时我没有西书可查，当然讲不详细了。顷偶读伦敦《民俗学杂志》，见第三十七卷第一期（一九二六年三月份）Mrs.N.Huxley Roller《关于南斯拉夫人的几种信仰及节令之笔记》中有点好材料，急抄录于此。

> 恋人（男性）去后，女子不令人见，私跟踪之，路上的土经他踏过，当然留有足迹。这土，她应小心收集了去，置于花盆中而植Everlastings，应极力爱护培养之，花开的愈多愈茂盛，男子爱他的心便愈增加。（页四四）

> 未嫁女单身到树林中去，捉一蜘蛛，置之于预先备好的空芦管内，将两端塞好，带了回家，于是脱去衣衫，默想诸圣，对着管画十字三次，口念——“蜘蛛啊，你是高高低低都能爬去的。替我找到我命里该嫁的丈夫，将他带来，让我在Vision中可以看见。把他引了来，我便在清晨

释放你，让你在世界上再往前游行；若是你不把他带到我这里来，我可就要压扁你。”（页四五）

未嫁女求夫者，可上山独祷，略云：“求上帝不要叫我因为想男人活活想死了；求上帝让我得到一个勇敢强壮的丈夫。假使你要我这样死才心里高兴呢，也罢，就请你把我变作山上一棵青青的瘦松，把我的发化为满地的嫩clove，把我的双目化为两股清泉，庶几乎我所想的人上山打猎时可以在这树下憩息，他的马呢，就吃那clove喝那泉水。”（有歌；译自F. S. Krauss的Sitte und Brauch der Suedslaven〔Wien，1885〕）。（页四五至四六）

新月初弦时之礼拜二、五，或礼拜日之前一晚，未嫁女俟日将落时走进附近的树林，将夕阳照着的长春藤扯下一条，做成一个帽圈，口中说：“亲爱的落日啊，像这时候你正看着这个藤圈，让我也这样在梦中看见上帝判给我为夫的那个男子。”于是将藤圈戴在头上，祝云：“青藤圈，你若不把我命中注定的丈夫带了来，由他将你取下，你可就青不成了。”藤圈不要拿下，但不得令人见，夜间再祷告上帝，带着它就寝。（页四六。）

我国民间，想来少不了这宗迷信。如承读者通信赐教，我将来自当把我所找到的报告诸位。

——《贡献》一卷7期

1928年2月5日

僧道淫乱厌法

施了法术，能使女神“不规矩”。但是人们另有法术能使活人“规矩。”《百镇》卷四云：

镇寺观出淫乱僧道

凡寺观中，僧道多有淫乱，败坏佛道之法；镇用猴心狗心，以香炉盛之，埋于三门（“山门”之讹？）下，深三尺，以钉子合定，用山下土盖之，其僧道淫邪之心自然永断归正。

此符三门上贴

另一书《千镇》卷三里的“禳寺观不存僧道”法，其一也是于三门下埋猴心狗心各一。

一切法术背后的“感应观”真有趣！例如本题的吧：爱女人，爱出外的僧道们，其心无异猴心狗心，所以如其取猴狗的心，埋在本寺观的地下，与之同类的僧道心便也安分了。此果可信，反对新思想者只要多派些人分头在学校党会著作发行者住家的门下大埋其猴心狗心；志在铲除军阀财阀贪官污吏的人，也只须偷偷地跑去他们的公馆，掘地三尺，埋入狗肺狼心，天下便可无事了！

——《新女性》三卷3期

1928年1月1日

水与淫

（一）民国十四年六月，我从汉口乘火车回北京。同车有王某，是北京同仁堂药铺的跑外。我们二人，一路时常交谈，有一次而且谈到了女人。他告诉我，梁士诒的姨太太和小姐们对于买卖公债票是怎样的精；他又畅谈北京商界中人是怎样的爱“逛胡同”；最后他又将南方北方的妇女作比较。因为并不把我认作南方人，他就把他对于南方妇女的只字评，老实说出，曰“淫”。谈话时火车还在湖北的境内跑着，我记得分明，他用那刚才蘸过贵重的“闻药”（里面有金屑，所以贵重）的手指，指着餐车窗外活像在飞跑的河流，发议论曰：南方多水，所以南方的女子比北方的轻狂。

（二）十六年二月，我在北京无意中遇见了一个可说是王跑外的同调。其人乃一年老的人力车夫，因他拉得很慢，我就和他说话解闷儿。“不怕你笑话：碰着，我一天也拉一块来钱儿，毛两块钱儿。”因为他的“坐儿”都是他的“街坊”，街坊是干吗的呢？私娼。她们都“怜惜”他，“照应”他，所以他的钱来得容易。说时，他对于她们颇有恕辞。“自然哪”，我说，“有落儿的谁还干那个？”“倒不是有落儿没落儿”，他改正我道，“这年头儿，没落儿的也许不干那个，有落儿的也许干……您想，现了北京城里，到处安了自来水。水管子一天到晚的开着，哗哗的放水。照‘字儿’上说，人沾多了水气，不是总有点儿改变吗？”（注：比较“淫”和“婬”字。）

以上两段，想为歙县王一仁先生所乐闻——胡适之题字又章太炎作序的《中国医药问题》，便是这位王先生的大作。页十三至十六曰：

天时到底（是）一种什么东西呢？换言之，就是空气。空气不要钱买，你可一天不吃饭，不可一时断绝空气。但是天空的气候，常常有变动的。普通分春，夏，秋，冬的四时，而四时中包含的气候，可以分析的，叫做风，寒，暑，湿，燥，火的六气……六气的名词，可以推广分析其原素，以至于无尽。但是：总不能完全根本否认有六气的说法。你要说没有，良心一定不答应的。（绍原按：此句妙极，应加双圈。）家去病兄阅政治思想史，谓法国学者孟德斯鸠，亦言寒燥暑湿之影响于人性者甚深。寒地之民重自由，而热地之民则多奴隶性，且谓多妻制度，亦热地人之专有。虽其言是否可信，固成为问题，但亦足见寒Cold 燥Dryness暑Heat湿Moisture之说，西人未尝不持之也。持气候移人之说者，在孟德斯鸠之前，有波丹者则以经度Longitude纬度Latitude为言。谓北方人尚勇，南方人尚智（此纬度之分），西方人则近于北方人，东方人则近于南方人（此经度之分）。其说亦有几分理。惟风火二字，尚未能见其说。（绍原按：我仿佛见过。）据此看来：六气可以影响人性，不要说是疾病了。总之中外学理，本有相通，不说中国的说话，必等外国人印证而始信罢了。六气之说，既有着落，那么中医几千年的学术论理，便是有了根据，你就不能推翻了。

——《贡献》二卷2期

1928年3月15日

连啐带扇

江老爷：

前几期见贵部把“啐”字讨论得很热闹，又接住引起陈翔冰泗水少爷们的云合响应，小子当时也想抽空来凑凑热闹。无奈心有余而力不足，因此就搁到如今。

按“啐”字，在广州的妇女们多用来作骂人骂物的口头禅的，读若Choio，“啐”的声音是出诸口，此外还有相附而生的“啐”的动作，那是现于眼的了。当嘴里说一声“啐”时，同时两手随即端起衣服的前一披，像扇扇子似的向着所咒的目的物一扇二扇……扇，次数多少以当时的情感高低为断。尖锐而长的声音大的声色俱厉，就不会有多的次数的了。先有声，后有动作，或一齐同来，或有此缺彼都没有准，总之这样的声音和动作是体面的人所认为最泼辣而侮辱的咒人法，比打还凶些的。例如大清早出门碰见了出丧，那是迷信者所认为不吉利的事，要祓除这些不祥，她们多以“啐”几声为最有力的传统的反抗。很自然的，却不用揭起衣服的前幅来扇的多，仿佛这样一“啐”那不祥之兆就却走了。这又是广州的妇女们所啐的一种。其他还有彼此打情骂趣的“啐”法，却是很温柔的，和咒骂的语调，听来两样的。比较上受过些学校教育的广州的妇女，是不大用了，但旧社会里的却大多数很普遍的沿用着。来历如何，是希望江老爷去考究了。要鉴赏这“啐”的语调，在上海虹口一带广州人荟萃之地留心物色一下吧，包管你不会失望的。谨安您。

招勉之

一九二七，十二，圣诞节夜

招老爷：

广东人清晨碰见了僧尼，不是也要连啐几口吗？仿佛南海康有为的著作中（记不清是《新学伪经考》抑是《孔子改制考》了）就说起过。

至于妇女们“当嘴里说一声‘啐’时，两手随即掀起衣服的前一披，像扇扇子似的向着所咒的目的物一扇二扇……

扇”，我恐怕那是用阴户厌敌。（不幸的很，我们又需提到阴户，四方学者，原谅原谅。）

请参看《梵天庐丛录》卷三十“厌炮”条：

> 光绪甲午春，四川顺庆土匪作乱。徐杏林时以全省营务处代理提督，适患足疾，遣部将马总兵雄飞带兵平之。一日，战未毕，忽见对阵之匪拥出裸妇人数十，哭声震天，官军大炮竟不燃。此见诸近人笔记者，名曰婚（疑为“妇”字之讹）人厌炮。昔读《六合内外琐言》，亦有妇人裸以厌敌之说，诚不值通人一笑。此种邪说，流传甚久，亦甚广。时至今日，尚有信之者，可忧也。（原书册十五，页廿二）

我提议的解释，招老爷和其他诸位老爷们以为如何？

顺颂政祺。

绍原　十七年二月十二日于杭州

——《贡献》二卷3期

1928年3月25日

满族的成胎论及孪生起因论

——“莲花”

浙江图书分馆所藏惟一的西文民族学专书—— *Social Organization of the Manchus*（俄人S.M.Shirokogoroff著，Royal Asiatic Society，North China Branch刊行，上海，一九二四，价四元）页一一一至一一二云：

> 满洲人认孕娠为性交之后果。照他们看来，月水净后第三或第四日为受孕之期，其解释如下。女子的性器官里边有一种花，在上述时花瓣是开着的。交媾中男性element深入此花，两elements联合而胚胎以成。故满洲人对于双生这样解释：有两个男性elements落于花中，这是能够有的事，倘若交媾了一次之后花仍未闭。照这个理论说，这种事是能够发生的，假使女子在短期中，即二十四小时以内，与人交合两次。
>
> 原注——此花的观念，可从数种仪节和风俗中见之。例如新年后之第十八日称“莲花日”（莲花是此花之汉名；满洲名我现已忘却）。花有五瓣，色白，或粉红，或

大红，雌雄蕊色黄。花的形状像Lily（仿佛是Lotus）。它也象征女子之性器官，满洲人常云：个个女子有她的莲花。在象征语中，莲花即作“阴户”解。女子不得在此日工作。她若破了这个禁戒，莲花就许不开，她将不能再添小孩子。满洲人在新娘的鞋底及礼服上绣莲花，这是极有意义的。此风俗若视为不但象征新娘之性的功能，而且象征新娘已自其父族中死去，则其义可解。这一切风俗和受孕观，以及此花各部分之形状，我想是从汉人拿去的。花之观念与其名，似乎都非满洲所本有。

（附注：原书的英文，刊前虽有人为之改过，仍极坏。）

莲花说，汉人的确有。《祈嗣真诠》（宝颜堂秘笈收入）之外，近见石天基的《传家宝》二集，卷四“种子心法”中亦说及，兹引之：

凡天地生物，必有氤氲之气；万物化生，必有发育之候……妇人行经之时，必有一日氤氲之候，于一时辰间，或气蒸而热，或神昏而闷，有欲交接不可忍之状，此的候也。但妇人含羞，不肯自言，男女（？）须预密告之，若有此候，即便直说，再以手探阴内，子宫门有如莲蕊挺开，便是真确。此时交合，一举成胎，万无一失，此最妙最应之法也。

问题：汉族的莲花观念是否自创的？

又，妻云江浙通俗，死人着的鞋，底面均绣莲花（所用枕，亦然），活人的鞋则大忌此。那么满人之绣莲花于新娘的鞋底——假定史禄国之记载可信——是知道还是不知道（是承认还是不承认）汉人的这种意见呢？如满人虽明知而且承认之，然仍故意在新娘的鞋底上绣出莲花，则史禄国所提议之解释（象征新娘死于父族而投生于夫族）似乎便很可能性了。

——《贡献》二卷8期

1928年5月15日

人们求婚求宠的行为

《语丝》四卷6期载周启明先生《论求婚》文，云：

这已是数个月前的话了，有一天一位同事给我看广东供食用的二种昆虫。其中之一为甲虫，名曰龙虱。他是一种黑色带绿的甲虫，光亮的背脊，胖胖的最前的一对脚，很引人注意的。他的前肢为什么胖胖的呢？研究生物学的人都知道：那里有一对吸盘吸住他的异性死不放。但学科学者最忌言过其实，死不放的话要不是比喻之词，未免有言过其实之嫌，盖龙虱对于雌虫并非真是吸住死不放，不过有时长久的吸住至数日不放罢了！

但像龙虱的用吸盘吸住他的配偶，及海狗的拖住她，这等求婚是缺乏艺术，要是这也可以称求婚的话，也是强奸式的求婚罢？因为这实比阿Q的见女人跪下祈求更其粗糙了。

这种粗糙的求婚在生物界中不是惟一的形式，此外更有精美的或武勇的形式存在。说到武勇，鹿之类雄的均有角，公鸡更有锐利的嘴和距，这是他们的武器，竞争配偶的时候所当用的。鹿之类在虎豹爪下是怯弱的东西，但竞争雌头时却有着他们的勇武，有时牡者喘息着，身上斑斑的染着血污。虽然不乏例子，败者甘心死于情敌的手下；但也不乏例子：他走了，企图他日的再试。

若说精美的一方面，则有鸣禽及其他装饰得很美丽的鸟。他们是不用武力的，只放开喉咙唱他们的甜美的歌，或展开闪耀的羽毛，或者作有节拍的跳舞，在对方的前面献媚。他们是不掠夺，不强求，待对方选取最美的做了她的配偶后，落选者便失意地都走了。

以上是动物界中的求婚的不同的形式，在人间社会里也同样的多样，前面已说及，阿Q的求婚形式，是见了女人便跪下叩头，口中哀告："我同你睡觉"的。这是不止一种形式中的一种，别一方面尚有别种形式存在。最显著而且最流行的是所谓"绑票式求婚"，其中最大的特色便是"恐吓"与"要挟"。所谓恐吓是告诉对手，倘使不允要求便当杀掉你；要挟是她不允所求时，便发表她从前和他往来的信件或事迹。在这一方面，某艺术家发表《情波记》以攻击对方是显著的例，主张情人制和提倡美育的张竞生也曾用什么记之类以掊击先前的情人，利用因袭的贞洁观念为武器。呜呼，人间的丑恶和矛盾有过于这种行为的么？

更有一种求婚的形式，是很难得到适当的名称的。这类人眼前正多着。他们的特色，便是觌面或书面求婚的时候，照例是说倘若不允所求，必定自杀。若在更进步的一派，则不曰自杀而竟曰流血。盖自杀也许悬梁或投河，或服安眠药水，平安的死去，流血则不是用刀刎颈，定是拳铳穿胸，形势显得更险恶了。愿人生存是女人的特性，在为母的时候即显出这伟大来。但这在那些求婚者的心中却变为良好的弱点，可以利用的了——虽然即遭摈弃，履行他们的话的究竟有几人！至于过分的表扬对手的如何有感情，以束缚她的自由，却还只能算是辅助的手段。

无赖之中有所谓“挨党”者，以“哀”与“韧”见长。他来和你寻衅时候，盼望你打他。既被打，他于是有词可借，就得诈称打伤，要钱调养了！以自杀或流血要挟对方的人，办法虽然不同，精神却很相像。但他不重在韧着挨打而重在示人以哀。在没有法子之中，我们姑且称施用这等手段的为“哀党式”的求婚罢。

人是生物界的一分子，但正因为仅是一分子之故，故有着其他生物所不具的特点。固然，他有着他的伟大和可敬的人性，但同时也充满着卑劣和无可比拟的丑恶。在求婚的行为中也会显示着这方面！

读了周先生的文章之后，我就翻看《本草纲目拾遗》“龙虱”条，目的在查查看，有没有人用它为壮阳品：此虫既有“一对吸盘吸住他的异性死不放”，人们未必没有注意过，注意了，未必不利用之。不幸《拾遗》中实无此说。然我的心仍不死：《拾遗》虽无之，他书或许有；即使不见于任何书，“民间”许真有这个传说。我应随时留心查考，此外敬恳各地的同志通信赐教。

人们之注意到动物间的两性关系，则毫无问题；其乞灵于动物以增进其夫妻或仅男女间的和谐，亦属不可掩的事实。已见实例不少，姑引《拾遗》卷十的一段话为证：

队队

游宦余谈：队队，形如壁虱，生有定偶。缅甸有之，夷妻有不得于夫者，饲于枕中，则其情自合，故不惜金珠以易。〇詹景凤小辨：同年苏侍御民杰按云南还，语予云南有小虫，名曰队队，状如虱，出必雌雄随。人偶得之，以卖富贵家，价至四五金。富贵家贮以银匣，置枕头内，则夫妻和好无反目。此则物气之正人也。

入媚药，治夫妇不和。

希望将来有一天，我能够找足了材料，写一本《中国的性的故事》。

——《新女性》三卷5期

1928年5月1日

火与淫

三月廿五日周启明先生来信，云：

见二之二贡献小品（一八一）上说及“水与淫”，令我想起南方人之相反的论调。故母舅在五十余岁时丧其独子，因拟纳妾，本人在北京依其岳叔沈祖宪（袁之幕友），而嘱其家中买一女留以待之，其理由即“畏”北女，自揣年老不堪“贡献”也！仿佛吾乡舆论如比，据（故）敝母舅（系儒医，但不开业）考证，北方因睡在炕上，故女性多淫（熖？）云。审是则干湿之影响人性确成定论，难怪□□诸名流之信仰矣。中国似因多土之故，头脑受其影响，殆多已硬化，思想运转不灵，此病我以为比什么“慈化”（此上一字避讳，代用，前有革命文学家蒋光□，现易名光慈，今从其例）更可怕，然而亦无如之何，因为非用西药（“赛先生”方）所能治愈，恐只有中医才能治之耳！

一个地理区内“奸杀案”之多寡，或者可算是其妇女淫不淫之一种客观的证据吧。前年（？）北京报纸上登过司法部所发表的某种统计，仿佛记得其中的奸杀案数，北几省多过南几省。此点拟敬求启明先生设法一查。

汉人似乎总觉得旁地的妇女淫：南北人互贬之外，又常听见汉人说满洲日本西洋的女子非常淫，“难以应酬”。

干湿等影响人性之性质与程度，我们应拜托科学家去研究。至于关于此事之俗传，则我们殊不应随便相信。因其中固饱含错误观察，先见，误解，实在未必比书本上的“中央土，其民……”“东方火，其民……”高明到哪里去。或许“淫”之判断在先，而所以“淫”之说明在后，故南人说北女因睡炕而淫，北人说南方女子因近水而淫。

十七年四月九日

——《新女性》三卷6期

1928年6月1日

妇人食龙虱能媚男子之说

《闽小记》，清周亮工（栎园）撰。其卷下“龙虱”条云：

龙虱，漳州海口，每八月十三日至十五日，三日飞堕，余日绝无；食之，除面上黝䵟赤气，妇人貌美，能媚男子。

然则赵学敏《本草纲目拾遗》所引并不完全（见《人们求婚求宠的行为》一篇），而龙虱确有功能助媚之说也。有些迷信既然是或种事实之误解或误用（Mis-application），故研究迷信者最好常参考科学家的观察；研究关于动物之迷信者，应参考动物学家叙述虫鱼禽兽之形态习惯等之语；研究关于植物之迷信者，应将植物学家叙述草木形态生态之语，放在心上；余可类推。此系最近一年来余渐渐悟出的一个要点，小品读者，想不忽视之。

《血与天癸》第一章之绪言，点明人们每以为一物之“性”或“特能”实散布于其全体。龙虱用以吸着异性“死也不放”者虽是那一对吸盘，然人们并不一定说妇人食或佩带吸盘者能媚男子，而只云食了龙虱便能；——这不是一个极好的例吗？《血与天癸》讨论此原则较详，请读者参阅。

——《新女性》三卷7期

1928年7月1日

“阴门之骨可御神龙”

周松堂先生致函云：在七月二日的宁波《四明日报》上，载着一件剥尸盗骨的新闻。特牺牲四分邮票，寄上该报半张。回忆儿时听得一位老先生说，宁波有一处地名冰仓（音厂）根，地下藏天然冰很多，夏时当龙神要发龙风下雹时，每每要去借用冰块，所以仓主人必须置粪浸草于冰上以拒之，此与盗骨事有异道同归之妙。

西乡布政市发生剥尸盗骨之惨剧

尸身被毁……疑是兽咬

鄞县西乡布政市，地处荒僻，交通阻塞，久为盗贼出没之所。近年以来，因时局不靖，附近乡区，除原有警察外，纷纷筹设保卫团，昼夜逡巡，盗风稍杀，居民始得安居乐业。讵今岁入春以来，忽发现一骇人听闻之惨案，初尚以为宵小故技，偶一为之，故虽属惊骇莫名，而被害之家，惟有自认晦气，严加防范而已。讵此后此惊人惨案，竟连续不绝，于是哄动全市，死不贴席矣。其事惟何？即剥尸盗骨是。先是有住居该处之客民王阿昌者，小贩为业。有妻洪氏，于今春二月初十日患病身死。王某因贫无余赀，草草成殓，厝于大树下荒原之侧。甫经三日，其妻厝坟，忽倾倒狼藉。经人报告，王某以为薄棺旧料，偶经野兽撞踏，以致倾倒者。迨往视，则不但坟石狼藉，即棺盖亦失其原有位置，同时并发觉其亡妻尸身之下部血肉狼藉，惟衣冠无恙。当时尚以为尸身被兽所咬，自认晦气，改葬了事，故附近邻居亦未加注意矣。

既剥衣衾……复盗阴骨

距布政市不远之张家潭，有张某者（被害人嘱姑隐其名），经商在外，积资颇富，为该村居民所推颂。有妻冯氏，后仓冯家某公之女公子，现年十八岁，嫁张已二年有余，本月初四日，因病身死，初八日即出柩，葬于本村祖坟之侧。至十一日早晨，有行贩某甲经过该处，见张妻新墓，石破棺露，知有异，遂立即奔告。张某得讯大惊，即率家人往视。至则坟砖四散，棺盖横陈，棺内尸身倒置，面部朝下，衾衣及殉葬等物，均不翼而飞。当时尚以为宵小剥尸，张某虽哀痛欲绝，但亦无可如何，只得另备衣衾，重行葬殓。正在尸身扶起重殓之际，忽发现尸身下部阴门骨被毁，遍觅无着，不知去向。于是众人均大惊失色，而张某尤痛哭失声。四近居民纷纷来观，人言庞杂。

未几，首先被害之王阿昌，亦闻惊赶到，声述前情，不谋而合。始悉作此惨无人道之宵小，初非见财起意而来剥尸，实系另有作用，专盗女尸之阴门骨。于是在场众人，愤不可遏，全市哄然。事后竟发觉同样惨案者有四家之多，且均属死甫一周，阴门骨即被盗去者。

阴门之骨……可御神龙

出事第二日，该处被害者及附近居民，均纷纷赶至张家潭察看究竟，及讨论善后办法，一致主张先行派人赴附近各村调查，究竟被害者共有几家，一面呈请当局严缉剥尸盗骨之奸人到案严究，以平民愤。又据该乡村老传述，谓迷信社会，有一种怪诞不经之恶习。凡属大帆船或捕鱼船下水，船上挂帆之桅，其顶上须嵌有妇人之阴门骨一枚，则可避免飓风。盖帆船往洋，时遇飓风，多致倾覆，迷信者谓是龙王作怪。龙惧秽物，故以妇人阴门骨以抵御之云云。观此，则此剥尸盗骨之奸人，盗得阴门骨归去，售与渔人船夫，作御龙之用，可知矣。又闻昨日上午，被害人张某，由乡来甬，拟请人缮写呈文，以便向官厅呈报，并要求申雪。同时并向旅城乡人处报告，以便共筹善后之策。上述消息，即被害人张姓来馆报告者，故事实殊属可靠也。

绍原按：我很感谢寄报的周先生，因为我正想从书本上搜辑舟子渔夫的迷信，而他这样让我晓得的阴门骨御龙说，我还未在书上遇见过。俗传秽布和铁器能够压蛟，这与船桅上嵌阴门骨和冰上放置粪浸草，显属同一范畴。关于龙的传说，除去从前的文人所辑的各种短篇之外，我只见过两个研究：一为章鸿钊之《三灵解》（北京出版），一为美国人Hayes的*The Chinese Dragon*（商务印书馆出版）。对于章先生的书，我暂不表示什么意见。Hayes 的小著，则幸亏他的自序和邝富灼序写的明白，不是几个月而是二三十年的研究之所得——幸亏他们这样说了，否则我们就书论书，很难看出它的写作竟需要这般长的时日。

十七年七月七日

——《新女性》三卷9期

1928年9月1日

三谈龙虱

新会吕蓬尊先生赐函云：

小品百九八谈起龙虱，此物俗称“水万乂\”，据说能补肾（以其色黑味咸故），所以有些色事过度的人多买它来吃；但也有甘其味而食之者。

我很高兴读到这段话，因为它让我知道粤人果然用龙虱为补阳品。龙虱一对吸盘之能将异性死也不放的吸着，必是惹引世人用它去补阳的真原因，而色黑味咸故能补肾云云（肾属水，在味为咸，见医籍），则只系事后的说明。世人对于有些食物药物的功效之信念，的确是出生于五行论式的说明之先的。五行论式的说明毫无价值外，它所 Rationalize 的基本观察与推论也未必一定可靠。所以我深信（1）食物药物的功效须受科学的鉴定；（2）关于它们的种种可靠的或不可靠的信念之所以能出生，于可能范围内，我们也应负说明之责；（3）科学家叙述它们的形状性质之语，有时确能增加我们的解释力。吕先生以为我说的对吗？

十七年七月十八日

——《新女性》三卷10期

1928年10月1日

淫哉蛇也

下见清凉道人《听雨轩笔记》卷一（乾隆丁亥八月序）：

蚺蛇出两广，而西省为更多，其形头方口阔，目光如镜，皮色黑白斑然，尾甚细，其末可贯数百钱。土人言蛇大如人臂……性最淫，妇女山行者，皆佩观言藤一条，否则必为其所缠，以尾入阴死……捕者探知穴之所在，群集多人，各断藤尺许，携之以往，伺其入穴，以妇女污裤袒衣置诸前穴之口，而燔柴草于后穴，以叉入之，烟满穴中，蛇不能耐，遂直窜前穴而出，闻衣裤秽气，即盘旋缠绕之，至于破碎而不已。人伺其力懈，群以所赍藤遍掷其身，遂垂首贴地，不敢动矣……其骨有名如意钩者，形仅如钱，惟雄者有之，为房术上药，口衔之可通宵不倦。其腹中之油，力能缩阳，人不可近。予友萧山周鸣皋（振声）客太平时，有小童自外看宰蚺蛇归，忽大哭，以失阳告。裸而视之，阳与二卵俱缩入腹中。一仆云，方开蛇腹时，渠以手理其肠胃，定沾蛇油，故尔致此也……遍求解之之法，皆云蛇生有几年，则阳缩几年，屈期自出，无药可治也……

蚺蛇果真“淫”到这样的地步吗？无论研究人或研究动物，皆应捐除成见，客观观察。关于人的也罢，关于蛇的也罢，传说俗信，总以不轻信为佳。

七月二十五日

——《新女性》三卷10期

1928年10月1日

两种“阿堵物”秘戏图与钱

（1）李念孙先生函（北京厂桥四号，十六年一月二十八日），云：

（上略）仆往年投笔以从戎，西北一隅，足迹殆遍，民间习俗，与中土迥不相同。如卓咨山包头一带，于大人先生们谓为有伤风化而又难于一见的春宫之图，在此地真是屡见不一见，大多数人家甚且裱成横幅，悬诸厅堂。队队鸳鸯，活跃纸上，与大人先生们之悬挂名书法画，竟是同一用意，不知是何道理？然其礼门亦自有内外，三纲五伦，比他们还要加倍的崇拜。此真奇特极矣。愿先生一详考之。此上，并颂撰安。

这是一年多以前我在北京时收到的信。李君嘱我详考之事，至今未能，当时又因穷忙，连回信也没写，尤歉。但我以为包头等处人家的悬挂春宫，目的或许在避邪赶鬼，和中原人家挂龙图、一笔虎、钟馗图等之原意，并无不同。

十七年十月十七日于杭州

（2）樊缜先生函（十七年八月十一日，自吴淞发）论及春宫避邪等事。

用春宫避邪破法的举动，我在广州时查到一些，编入《迷信研究讲义》。今夏将讲义寄给樊先生看，后得复书，其第十条云：

春宫之妙用　民十四我从四川再出来到上海，船过九江的时候，一位卖书的上船来，出售各种消闲书报，其实是在卖淫书与春宫。他诚恳地劝我买一套春宫，我回答他拿来没有用场，他说摆在行李里，毒手就不敢毒，就是开了箱子，见了这东西，也就不敢动别的物事。但我终于没有买，幸好也没遇见犇手。

（3）魏建功先生函（十七年十月）云：

赵骑特勒钱，背文一荷刀蒙古骑士，盖厌胜物也。中国民俗中，钱之地位殊占重要。厌胜钱制不一，有作七星灵龟者，亦有作春图者。尝因《营口难记》（海宁诸仁安著，在小方壶斋舆地丛钞中）记“营口灶神，一男一女，亦贴污秽之形于厨，名曰避火图，大非处家所宜，虔告北人，此风早革”云云，欲从事考察各处有关此种厌胜之风习，兼搜厌胜物品。偶于北平地摊得此物，即拓寄绍原先生。谓此物为厌胜用者，庄君慕陵也。赵骑特勒抑作赵特骑勒，均尚未深考。弟拟研究我们民俗中的“火”，不知先生果有暇见教否？苦雨翁说及刊办民俗杂志事，弟甚赞成也。

（4）宣鼎《夜雨秋灯录》四集卷二“海滨古铁”条：

余侨寓盐城时，见东街有古铁板七块……县署库中一，共成数之八……铁则传为薛仁贵跨海征东时，铸以压战舰，防波涛掀簸，捷归留此——语亦近理。然吾每阅古丛书载前人误掘古陵寝，中既遍堆牡蛎壳，上图春工，更多积大铁板，注云，所以防蛟龙也。盐城近海，安知非前人设此为防蛟龙凌啮乎？且城名瓢，安知非堪舆家鉴其形式，恐其飘泊，特铸以镇压之欤？及游范公堤，则堤上亦间有古铁……其形不一，于此益可信防蛟龙之说矣。

绍原按：妇人月布既能厌蛟（看《血与天癸》），春宫图当然也可以，什么方便就用什么可也。爱新觉罗氏见不及此，难怪东陵被一个曾通电主张维持旧道德的军人所掘开。

（5）下文见清李世熊《钱神志》卷一，想于魏建功先生有用。

（甲）又按汉有厌胜钱十三种（原刻本页五三）。

（乙）厌胜品——永安五男钱　七夕钱　福庆钱　撒帐钱　男钱　辟兵钱　千金钱　丰乐钱　君宜侯王钱　长年钱　富钱　五男二女钱　天下太平钱

种种特制的“厌胜钱”之外，普通钱也可以有厌胜之用；研究之者，至少应注意钱之以下五六点：质形，文，字，时代，铸者。

又两种阿堵物既然各自能避邪，聪明的人便把它们“合一炉而冶之”，造出一种双料阿堵。双料阿堵的避邪力，必不下于古文教科书之能矫正革命思想吧?

十七年十月十七正午

淫哉蛇也之二

以下是诸长垲搜集的关于蛇的传说:

见《新女性》第三卷第十号载有《淫哉蛇也》，便想起了敝镇——江苏珠家角的关于淫哉蛇也的二则民间传说，现在把它们写下，求关心的人们指正研究。

一 见蛇交施术

我们在旷野里游玩，倘使看见了两条蛇正在交媾，那么可以就把自己的手帕，或是短衫裤子等，放在两条蛇的身上，最好一个人独做，不要被旁人家看见。放后隔了一会揭开来看时，那蛇据说已经是不见了；于是把方才放上去的手帕，或是短衫裤子等，收藏起来，放在身边。假使有这东西的人，看中了外间的一个美丽的女子，不论是认识或是不相识的，只要把这手帕等，轻轻的在她的身边一拂——但不要被她知道，到了晚上睡觉的时候，把手帕放在枕下，那么稀奇的事情来了!到了熟睡了以后，忽然梦中有二个仙童——就是二条蛇的化身——领了日间所看见的那个女子，走到床上和你睡觉，交媾，直到兴尽，那二仙童方才把那女子领回去。及至天明醒来，不过是昨夜梦中遗精，湿淋淋的还遗留在被褥之间。据人说，就是被看中施术的女子，也同样的在那夜间，和那不相识或相识的男子，做这一回奇怪的事。

（按）这种事情，没有人使过，因为没有这样的巧，可以遇到蛇交的机会；并且是损害人家，不利自己的事。要施术的那件东西——手帕等——永久的放在身边，不可失掉。倘是失掉了，那就要死的。又有人说，只能施一二次的术，否则就为老天所不容，就要遭到雷击天谴哩，所以许多人不敢轻于一施啊！

二　蛇精可以制迷妇人的药

相传玩蛇的人，把两蛇相交媾时遗下来的精虫，炙成了灰，放在一个不透气的瓶中，可以在应用的时候，拿出来施法，很是灵验的！

在一个盛大的男女杂座的酒席上，有蛇精灰的人，倘使看中了一个女子——美貌的女子，只要把这灰，轻轻地放一米粒在那女子的吃酒杯中，或是饭中，那个女子吃了以后，便昏昏然，如醉一般的，在没有旁人的时候，自然的和他亲热，而且肯听他的指挥，随便你要和她接吻，拥抱，甚至于交媾，她服服帖帖，跟着他走，但到了一交媾以后，她就大梦初醒了。一般淫荡的女子，就将计就计的和他发生关系，长久的做着露水夫妇；但是若是一个富贵人家贞洁的女子，就要弄出事情来，甚至于要发生诉讼，把施术的他捉将官里去，结果有生命的危险。因之大家不肯轻于一施，因一时的快乐而贻下终身的痛苦。

淫哉蛇也之三

新近在杭州买了一部非“善本”《格致镜》。原书上盖有“宁海陈友松轩”的印，此陈某，据书店老板说是个惨遭枪毙的人！

卷九十九蛇部中有以下两条：

> 《五杂俎》：蚺蛇大能吞虎，惟喜花草妇人。山中有藤名蚺蛇藤。捕者簪花，衣红衣，手藤以往，蛇见，辄凝立不动；即以妇人衣蒙其首，以藤缚之。其胆护身，随击而落。若徒取胆者，以竹击其一处，良久，利刀剖之，胆落矣。其胆噙一粟于口，虽拷掠百数，终不死，但性大寒，能萎阳，令人无子。
>
> 《鸟兽续考》：明武宗初年，尝宿豹房。刘瑾等以蚺

蛇油萎其阳，是以不入内宫。

同是蚺蛇体内的东西，为什么“如意钩”（见小品《淫哉蛇也》）被认为能壮阳，而油与胆则有萎阳之说?

蛇精和染过蛇气的手帕，能够迷惑妇人外（见《淫哉蛇也之二》），据说蛇蜕还能够迷惑贵人的心。我的劣本《万法归宗》卷四云：

龙衣益媚

龙衣益媚，少人之辰，取藏于衣领间，不问他乡并外国，与人相见动招欢。〇至刚曰：龙衣者，乃郊外蛇退也。至春社辰日或秋社辰日寻取，藏于衣领内，以线缝之，凡人见贵人，无不忘动欣羡。

取龙衣咒

龙衣龙衣，动人心意。出入求谋，利官见贵。我赖汝灵，护我身体。急急如律令！（Punctuation？）

又N.W.Thomas云Hucul的猎者出猎时，必带一块蛇肉，说这样做便可以引野兽前来。我想这和龙衣益媚之说，都起于蛇有蛊惑力的一个俗信，不知果然否。

淫哉蛇也之四

清水先生致函云：

> 小品《淫哉蛇也》里所说的话，我们这里也有，不过不是清凉道人《听雨轩笔记》所说的“蚺蛇”，而为世俗所常见的“男蛇”吧。
>
> “男蛇”尾细长而硬，有二三斤的，叫做“男蛇公”，常常要追人，且能“淫妇人”。妇人独行山径中，遇得它，每被缠住，以尾穿裤入阴而死。即不死，自被淫后，每多黄黄肿肿的，一点血红的颜色都没有了。
>
> 更奇怪的，有人说，被淫后，要生“蛇子”呢。
>
> 这里只说蛇肉能去风湿，蛇骨能治腰痛。《听雨轩笔记》上所说为“房术上药”的话，尚没有听过。蛇，周身都有用，蜕皮，皮，油，胆……都有用而且很值钱。油，胆，可用以熬膏药，缩阳的话，尚未之闻也。“蛇何以能淫妇人？”初夏曾与友人丘凤人在新书社谈过，均以为妇女的装服香艳，气味不同所致。《听雨轩笔记》所说携

妇人汗裤亵衣前往捕蛇，或许就是因为秽气为蛇嗜好吧？不然何以会在裤衣上“盘旋绕之，至于破碎而不已”呀！

绍原复：我想我们应当先确定蛇是否真喜欢“花草妇人”，解释不妨暂缓。蛇与人交的故事传说，尤应多多搜集。

见蛇性交

（1）近蒙汕头兴宁蛛窠剑岳先生将所著《乡居随笔》中关于兴宁迷信的记载多条，用汉文打字机打出一部分寄示，其页四云：

见蛇性交

见蛇性交，俗以为不吉。但也有禳法，即由见者到各邻家去乞米，每家二三勺，乞够一二合了，便走到碓前去煮粥，煮好，即在碓前戴着敝笠吃掉。可是法子虽然是这样行，据说仍不可靠，因为行了之后，仍不免有凶事发现。

（2）叶德均先生所赠《辰州真本灵验符咒全书》（民十二上海精灵学社初版印行，余哲夫手录，杭辛斋校阅）云：

禳龟蛇相盘

如有人见龟蛇相盘者，系水火两将相搏也，主犯疾病。以此符佩带之，大吉。（符略）

（3）下见《千镇厌法经》（民三，锦章书局石印）卷三：

禳龟蛇相盘

凡人见龟蛇盘者，是水火二相将（？），主本人见人（？）有疾病。用蜈蚣一条，天月德土和泥，泥本人福德位，大吉。七种名香，附子一个，苍术一两，宅内焚之，祭宅神，吉。（原有符）

禳人见蛇相盘

凡人见蛇相盘者，主口舌病疾争讼，书此符或贴或带，大吉。（符略）

（4）《本草纲目》卷四十三“诸蛇”条注：“段成式云，人见蛇交三年死；李廷飞云，人见蛟（？）交主有喜。”

龟蛇的生殖器

世人关于龟蛇的传说，不为不多，但是说起来可怜而且滑稽，龟蛇的身体的构造，世人实在很欠研究。我们普通人——特别是我们书生——开口批评世人，或者要遭而且该遭他们的白眼，但是研究生物的科学者，不能说也没有资格讲话吧。刘丕基的《人间误解的生物》（十七年，商务印书馆印行）第二编云：

雄龟的生殖器误解为蛇

世人看了明人杂俎“俗称妻子外淫者，其夫为乌龟，盖龟不能交，纵牝者与蛇交也”（见梁同书《直语补证》）一段谬话，大家以为龟是真不能交了，须和蛇交的。实则雄龟的生殖力却很强的，不必用蛇；他所以有这种传说的缘故，因雄龟的生殖器很长很大，形状如蛇。世人不细细的研究，就误认为蛇了。然而（此二字似应作“而且”）它交接的时候也很长久，一时不能脱离，因交接器的前端，有指状突起的缘故。

蛇的生殖器误解为足

蛇的生殖器，不露在身体的外面，生在排泄腔内。有的人捉到了雄蛇，有时压迫它的腹部，它那排泄腔内的生殖器，忽然突出于外面，我们看见了，就误认为蛇足了。

实则今日的蛇，是完全没有足的了……它所以能够运动，都靠着腹鳞和肋骨的运动的缘故，不是有足而能行动。咦！生殖器的误认为足，实属可笑。

关于动物的Folklore是动物学的前驱。我希望此二者在中国都有人研究，而研究前者的人，无疑应多少知道点后者（贾祖璋先生似乎颇知道注意动物传说，我在此谨祝他努力）。

十八年一月二十九日

——以上各篇均见《新女性》四卷3期

1929年3月1日

女人秽物也

高植先生十八年三月十六日文曰：

女人在挑担子的扁担上或推车者的颈带上跨过，若为这男人看见了，立刻会要吵嘴的，必至这跨过扁担或颈带的女人将颈带或扁担在头举一下才得了事。因为不然，那男人会要从此倒霉的。这种事我曾亲见过。又一般家庭中洗衣服，放衣服，都要把男人的衣服放置在上面的。又男人的帽子不能落至女人胯下。

绍原附言：女人之不圣洁，谁不晓得？然而去年六月一日上海中国圣洁洗衣厂在《时事新报》上登的广告，却未必人人见过。兹将我所剪存的该广告粘在下面，至希编者付印，以广流传。（董事中的江长川、邬志坚，均为著名的基督徒。）

中国圣洁洗衣厂六月一日开幕宣言

近年以来，卫生运动风起云涌，国人亦渐知卫生之重要矣。但一般号称洗衣厂者，率皆沿守旧习，不知改良。

其最使人不满意者有二大端：一曰男女衣衫一概混杂。夫上躯下体，男女有别，今合投一锅，殊犯俗忌。此人人所不取者。二曰欲求清洁，反戕本质，失衣之耐久力，对于经济大有影响。此顾客所以望而却步也。同人等有鉴于此，爰组织圣洁洗衣厂，力矫此弊，更大别衣服为三等，曰A、B、C。此外专聘技师，备机器消毒，务求美观。而对于顾客之衣服，尤爱护备至，聘有监察员，专为监督工人。意在革除时下恶习，而求适合人生应享之幸福也。并设西法染坊，专染各等绫罗绸绢，中外衣服，贵重舞衣，各色丝绒地毯。倘蒙学校教会教友及各界机关赐顾本厂，当遣人专任收发并备汽车收送，以答雅意。谨此奉告，伏乞　鉴纳。

上海中国圣洁洗衣厂谨启

厂址　美租界塘山路一九一八至一九一九号兆丰路口

电话　北一二一〇　电车十八十七路过本厂门前

名誉董事　俞宗周　高翰卿　邬志坚　江长川　张廷贵

西　医　孔锡鹏　石运玲　俞祖光

法律顾问　叶少英　杨凛知　张嘉惠　司　理　胡鹤鸣

厂　长　王镜翡

监　察　史麟芳

会计师　曹延荣

这是很好的“洗衣哲学”——Laundry Philosophy。

——《文学周报》八卷11期

1929年3月10日

请看不讲胎教的鳖

（1）清济南王士禛《池北偶谈》卷二十“庆忌”条：

莱人张允恭，明天启壬戌进士，为南阳守，治河，役夫夜宿岸侧，闻桥下每夜有哭声，共伺之，乃一巨鳖。因置铁镬烹之。忽镬中人语曰，“勿杀我，我当利汝。”众惧，益烈其火，少顷，无所闻，启视之，鳖已死。剖腹得一小人，长数寸许，眉目宛然，以献于守。携之归，识者谓即管子“涸泽之精，名曰庆忌”是也。康熙壬子岁，济南人炰鳖，亦于腹中得小人……人多见之。

（2）清华亭董含《莼乡赘笔》中卷“鳖中儿”条：

总戎梁公进鳖羹，庖人剖之，中有一小儿，长三寸，肢体俱全，亟弃去。松人闻之，竟绝此味。医蔡生天槎云鳖中往往有之，不知何据。或言鳖交水面，窥见过往舟中人形，感而肖其像，恐亦未确。

孕妇见兔，令子缺唇；见龟频数，子将龟背（看《迷信研究讲义》）。故人不可以不讲胎教。鳖交水面，窥见人形，取剖其腹，小儿三寸。故动物亦不可以不讲胎教（或交教）。哈哈。

——《新女性》四卷9期

1929年9月1日

用口涎及小便的“吸爱术”

吸爱术

俗有种种流行的吸引亲爱的方术：（一）任何人，如果你想他或她爱你，你可以把你的口涎私给他或她吃，他或她便渐渐的来爱你，而且渐渐的会听从你的命令了。（二）用自己的小便渣少许代口涎，也有奇效。（三）用一种“符水”代口涎给人吃，据说，较口涎尤验。不过符是怎样的，我还没有查出；因为制造这符水的人们，视它为秘传的禁方，不肯轻易传授云云。（S君说：他们并无什么秘传的；不过自称秘传，在暗房里弄些灰水，以骗乡妇的钱而已。）

今俗语，凡人很听从非亲属非主人的命令的，旁人会加他（她）一句：“一定吃了她（他）的口涎渣了。”或说“一定吃了她（他）的尿脚了”。或说“一定吃了她（他）的符水了”。

写到此处，想起一件故事：一个傻子，新娶妻……妻见他样子很傻，不肯和他共眠，他没有法子。越日，走来告诉同学；一个滑稽的便告以灌口涎的法。第二夜，他就照办，待他的妻睡着了，他就偷偷地爬进房里去，把他的口对着她的口，一口一口的唾落去。谁知唾了太多，她懋朴醒起来，看见傻子向她唾，一翻身立起，把他持着乱掴。明朝，他垂头丧气的走到学堂里来，大家问：“怎么？”他说：“唾了三口，她不但不爱我，反起来把我打得痛死！”

鞋压口涎渣可得同梦

俗说：梦得与意中人同欢，醒来，急起向床下唾一口涎，把鞋压着所唾的涎；这样，便可使对方同时得到同样的梦了。

以上像江绍原写的文字吗？当然不像；那是他从剑岳先生所著但尚未刊行的《乡居随笔》中抄来的。他（江）在《语丝》上发表过一篇题名“吐沫”的中品，署名李秀峰。剑岳先生如愿一读，他可以把他存下的一份交邮局寄到兴宁县蛛窠去。

剑岳先生在所辑《粤歌一斑》之附录“方言汇释”中释“辟朴”曰：“音僻朴。方言：‘辟朴，猝也。’注：‘谓急速也。’今俗语，称梦中猝醒曰‘辟朴醒’，是其义也。”《粤歌一斑》是客系居民中“比较富有文学意味”的儿歌、情歌、丐歌二百余首的结集，剑岳先生已寄交江绍原代为接洽发行。

十八，八，十二日

——《新女性》四卷9期

1929年9月1日

桃花女与蔼里斯　爱的艺术与爱的法术

因为改一篇旧稿之故，又看夏斧心君译的《女子的性冲动》（蔼里斯原著），无意中就看到了下文：

女子性器官较为复杂，其引起亦较为困难，因而发生一种极重要的实际的结果，交媾中女子底泄精比男子底达到得迟缓一些。这是很易有的事：男子底色情圆满的全程序完成之后，他的同伴底才开始，她便被冷然撇开而未得发泄。这也是女子比男子较近人类初期底一方面。（页八八至八九）

假若不管是任何原因，在挑情程序中……女子底服从仅是一种意志底心灵的及徐缓的行动（恐有错字），而不是本能的及冲动的参与，那么性的发泄和满足是必然失败的了。当我们遇见一个女子显示对性的关系有些漠不关心，以及表示不能获得完全的满足，我们必得承认，其责咎不归于她，而应归之于那无能的情人，因为他不会如意地玩弄这复杂而且灵活的挑情的玩艺。因结婚之夜受着振动与痛苦而起的性冷，是一极常见的现象（注）。……我们拿动物的挑情来比拟我们人类底结婚以前底挑情实在是一个错误。挑情，若已正确了解时，是一种手续，为的要使男女双方同抵于色情亢进底状态中，此状态差不多是准备性交的必须条件。挑情底戏剧，因此不能认为结婚底仪式即是它的结局，只能认为每次交媾底天然开场。（页

九三至九四）

注：一位有名的妇科医生从美国写信来说道：因第一夜的苦恼而生厌恶，我曾屡次看见。一件最显著的事是：一位很有妇人气的少年女子，长得很标致；她是一个好女子，并且极仰慕她的丈夫，但是她用尽了气力去提起欲念和热情，她总不能成功。我怕将来有一天会有一个能提起这潜伏的感觉的男子出现。（页一二九）

蔼里斯及他的通信者所说的自然都是白种人；但妇人因结婚之夜受了痛苦而起的“性冷”，想来我国也不会没有，而且许还是较多。据某青年的一篇《北京婚礼谈》，那里的闺女出阁时，母亲例须嘱咐她，今晚不许拒绝做那件事。新郎未必个个是内行，新娘又不免为羞耻恐惧与道德顾虑所牵制；有这种情形在，女子之“本能的及冲动的参与”，在我国旧式结婚下的初夜许不多见。经过这第一夜的波涛与苦恼，性交厌恶当然不免发生了。

以上只是我的揣测。我并举不出事实为证，虽则我相信若有人肯调查，这宗事实必不难碰见。（张竞生编的《性史》，我至今未寓目，其中苟有什么与此有关的材料，敬请朋友们告诉我。）不过也可以说我有一个间接的证据——来自一部讲禳镇术的书，名《古贤桃花女周公讲谕镇书》，简称《桃花镇》，“毚川郡王东山撰行”。此书卷一有一条云：

> 论女嫌夫，不行房事，此时嫁娶迎门有碍体露灯光之意（以上十四字疑有脱误）。宜用正月雪水一升，青蜓蛇二只，二人发一两，青红替身二个，五和香一两，安瓶内，于房中深一尺埋之，上用浑心石一块盖之，书符三道，于柏木板上悬，房永美也（末句疑亦有脱误）。

符 

这里的“女嫌夫，不行房事”，固然许是嫌他貌丑，或家贫，或无才，或不举……但“结婚之夜受着振动与痛苦而起的性冷”，当然也是一种“女嫌夫”。

十七年二月二日

附记：

（1）顷吾妻为述下事：在北京雇用的老女仆金妈（满人）说她的女儿“回娘家”之日（嫁期后一日），泣不可抑，那处肿了，回去时，几乎不能够迈步上车。后来金妈登门责问，亲母即将新郎叫来，当面骂他不该那样强暴，把新郎羞得低着头不说话。以后（注意此句！）金妈的女儿就“一直没生养”。这或者可算是新娘因第一夜受了“振动与痛苦”而起“性冷”——而且也就是“女嫌夫”——的一个实例吧。

（2）所用《桃花镇》，是上海锦章图书局石印本，印错处极多。各地同志如见到过较好的本子，请示及。

十七年二月五日续写

——《新女性》四卷9期

1929年9月1日

三、传言

“打倒阿毛”与“打倒唐生智”

——呈周启明先生

《谭龙集》页二九二，偶说及“五行志派”对于童谣的态度。这的确是一个绝好的研究题目，虽则我此刻无暇及此。

集引《左传》庄五年杜注，“童龀之子，未有念虑之感，而会成嬉戏之言，似或有凭者”。又引《晋书·天文志》，“凡五星盈缩失位，其星降于地为人。荧惑降为童儿，歌谣游戏，吉凶之应随其众告”。二说稍稍不同；第一说则我在粤编《迷信研究讲义》时也曾想到，故对学生说过。俗信小儿与灵界相交之能力优于成年人，而童谣可占祸福之说，部分的即以此俗信为基础。

近来又悟出一个因子：儿童的歌谣游戏，本来常在模仿大人（虽则有时须将大人的言行改动一点），大人们不之悟，反谓儿童的歌谣游戏得了先机，这岂不太滑稽。请举杭州近事发挥之。党军的“革命歌”有“打倒”这个“打倒”那个之句，“民众”若举行大游行，也时呼“打倒”这个“打倒”那个之口号——此皆杭州儿童所熟闻。各党部，各军政机关，各团体，各捣乱派所张贴的标语和所发出的传单，总也少不了“打倒”甲“打倒”乙的字样——此亦杭州识字的儿童所熟见，而况儿童们自身亦时在“党的指导之下”或他种情形之下参与大呼“打倒”之口号及分送“打倒”之传单乎？因为以上种种缘故，“打倒”二字，在杭州简直已经成为童用语了。某日我走过常明寺巷的口外，亲耳听见一个小孩子在那儿大嚷“打倒阿毛！”我在城站和新市场一街巷的墙上，也亲眼看见过小孩子们用粉笔写的“打倒周小妹”“打倒王庆来”一类的标语；姓名的笔数太多的，有时不免写错，但“打倒”二字写得不对的，我还没发现过，至于儿童的笔姿比不上成人队里的标语专家，那是不言而喻的。此外我还看见过儿童们并肩坐着，或分为两排站着，在那里大唱其革命歌，但细心一听，就觉出这首歌里面原有的“打倒军阀”等句已经被他们改为“打倒阿猫”“打倒阿狗”之类了。这种儿童革命歌和儿童标语，我听多看多了之后，心里不由想道：

万一杭州城里有个小孩，姓党绰号孙子，一天他和阿毛大相打了一场。阿毛的气量小，从此便把党孙子看做眼中钉。后来又一天，阿毛的老子娘都到拱宸桥探亲去了，没人管的阿毛一想："不打倒党孙子更待何时！"于是走出门去，将他素日勾结好的大小"工具"和"死党"，统统约齐，排成队伍，他在后面督着，众儿高唱"打倒党孙子"的歌，寻找敌人去也。无巧不成"小品"，果然在某处遇见那个小倒楣蛋了；大家不由分说，拥上前去，一顿小拳小脚，却早把党孙子打倒在地，抱着头呜呜的哭。众同志见打倒之事已经成功，就照来时的样子整队而去，沿路喊着："党孙子今朝真打倒咯！党孙子今朝真打倒了！"这时走过了一位所谓"五行志派"的老先生，侧耳一听，可就把小孩子们的胜利之声听了去。若干天之后，这位老先生正在"一间"茶店里喝茶，那时走进来一位西装少年，挨桌分送一种什么周报，老先生接过一看，见第一页上面印有头号大字的标题云："唐生智果然打倒"。他急忙将老花眼镜戴上，不到一刻钟便将那篇文读完，才知道是个倒唐始末记。我所急欲晓得者：那时这位老先生会不会恍然大悟，将眼镜除下来，斟了一杯茶，一壁喝，一壁叹曰："这也是天意如此！许多天之前，我老早在街上听到一个童谣，说‘唐生智今朝真打倒咯！唐生智今朝真打倒咯！’”

我这样胡思乱想，学者们知道了又要笑煞哩！

十七年一月三十一日晨一时

——《贡献》一卷9期

1928年2月25日

“查学龄”

——民众对于它的反应

你们总不能不承认叶德均是我的一位好学友，因为下面的诗又是他寄来的（剪自民国五年八月时报馆编印的《余兴》第十九期“新乐府”栏，著者署名鸟伤抱瓮）：

查学龄

查学龄，谣言起，谣言一日传百里。儿童七岁至十四，开列年月日和时。年月日和时，不管男和女，招去魂灵抱木桩，镇压钱塘江上水。钱塘江上起风潮，铁路通过铺铁桥，沉下木桩随水泛，不是魂灵抱不牢。街谈巷说空唠叨，父母子女群相号。群相号，鸣锣聚众毁学校。学校毁，教员逃，土匪塾师消牢骚。知事仓皇打电报，乌枪黄衣官兵到。吁嗟乎，官兵到，土匪跑，塾师躲，赔偿学校良民抛，知事捻须翕然笑。

士大夫和民众对于近代医药卫生学术的反应，区区开始予以注意了（见现改月刊之《贡献》旬刊和新办的《科学月刊》，月刊由上海春潮书局发行，方乘编）。他们对于造铁路，练新兵，毁庙宇，撵跑皇帝，查学龄等运动的反应又如何呢？来来，让我们也忙着研究起来。

十八年五月二十日

——《文学周报》八卷19期

1929年5月5日

“总理造墓须摄童男女魂灵”之谣言

顷读《革命评论》第六期“常熟人”所撰短文《孙陵与小儿的魂魄》，借悉中山先生的陵墓于完工前须摄取童男女灵魂一千名之谣言，已由南京传到镇江、苏州、无锡和常熟等处。鄙人对于此事，颇感兴趣。请将我在上海《新闻报》上面见到的关于它的记载，提要列转述于下。

（1）十七年四月十八日载十七日南京电讯：宁市近发生妖人摄取灵魂谣言甚炽……公安局，卫戍部，均布告辟谣，并经捕获嫌疑犯二十余人……

（2）同日“快活林”栏，《南京之卖花样女子》一文，中述“日前”南京市公安局弋获卖花样女子二十余人之始末。据说此辈身藏“白纸剪成之鬼怪多件”及玻璃瓶若干，内悬“以丝线结成类似人形者之线人”。

（3）六月十日载大华社稿：“最近”上海“未成年之孩童，均备带红布一方，上书‘建造中山坟，不与我相干，身魂永不去，姜尚在我身，我身永平安’等语”。该稿并明言建筑孙陵须魂灵一千名之谣言来自南京。

（4）六月十五日载松江新闻：此间于十三日起，忽有“总理造墓须摄童男女魂灵”之无稽谣言。一时城内外居民之家有小儿者，均购制黄布袋，内储茶叶白米，外书“中山造坟墓与我不相干”等之荒诞语，悬诸小儿颈项……县公安局程局长以此项谣言，曾发生于宁沪两处……当即密饬城厢支局，立予查拿，布告严禁。

合观以上几个记载，我们可以晓得：（甲）造孙陵须摄孩童魂灵的谣言，是今年四月间在南京发生的，同时，那里还有过卖花样的女子以术欺诈取财之事。（乙）摄取童魂的谣言，于很短的时间内传至上海、镇江、苏州、无锡、常熟五处。（丙）各处的民众为其所蒙，采取了大致相同的保安法。（丁）各处的官，似乎还晓得辟谣和查禁。

上记几处之外，容许还有些地方曾被这个谣传侵入。我敬求诸位阅者通信赐教。请调查并记载以下诸点：谣言出现之时日，从何处传来，何等人传来，何等人承受之，同时其地的儿童中有无或种流行病，他们对于摄魂怎样抵御，治安教育等机关如何辟谣查禁。直接调查访问的记载外，剪报或抄录公文布告私人通讯见示者，亦所欢迎。又关于南京、上海等五处的通信，我也愿意收受，因为我所已有的材料尚不详尽。如能多征集到一点材料，我当组成一篇报告，在上海出版的杂志上面发表之。

我的住址：浙江杭州下板儿巷十五号顾宅。

为增加诸君的兴趣起见，我请把周启明（作人）先生从北京寄来的两段新闻抄在下面：

儿童身上国旗

谣传无稽　未必果能免除灾障

近数日以来，京城地方，不知由何处传来一种谣言，谓京中不久将有大灾大难，并云灾难最重者为男女孩童，如欲避免灾难之降临，必须在孩童身上，钉一五色小国旗，即可免除一切灾害。此种谣传，不数日间，竟至传遍都门，故一般无知愚民被谣传所惑，均与孩童身上钉一五色之国旗，希图免除一切灾难。此种惑人听闻之谣传，诚属令人可笑，负有地方之责者，似当加以取缔云。

（上见五月十六日北京《顺天时报》）

撤去五色旗
换上新口袋

谓装朱砂狗毛可避邪

京城各处前曾发生谣言，谓小儿身上钉一五色国旗形式之小方布，即可免灾除难一事，本报前已刊载。京师各小学校见报后，均已相继令知各学生一律撤去。不料近两日以来，又有一种无稽之讹传，不知由何处传来者，谓北京方面将有某种灾难，专收幼童幼女，如欲免除，可与孩童做一布袋，内装犬毛及朱砂，缝在孩童身上，男孩缝在左襟，女孩缝在右襟。此种谣言，与令小儿身钉五色旗方布之事，如出一辙，一般愚谬无知者流，竟信为实有其事，以故近日各处孩童身上缝有布袋者，比比皆是。造作此种谣言者，不知其是何用意也。

（上见五月十九日《顺天时报》）

诸君读之，作何感想欤？

十七年六月廿二日

——《贡献》四卷1期

1928年9月5日

淮安人对于造孙陵

绍原按：小品《“总理造墓须摄童男女魂灵”之谣言》，原登《革命评论》第九期。淮安叶德均君虽未之见，却有信来（八月十日发），道及他那里关于孙陵之相同的谣传。兹借《贡献》旬刊的地位将叶君的信发表。希望以后还能收到旁位同志的信。

八月十六日，于杭州

叶君信如下：

数月前，有拍魂的谣言，想先生必知一二，报纸上也有过一些记载。谣言的起源是在南京，二三十天后淮安也有了。在先只有小孩（小孩之灵魂被视为重，尤其是被法术家）身上挂一个红布条，上面写着八句歌诀，如下：

石叫石和尚，自叫自承当；
早早回家转，自己顶桥梁；
你造中山墓，与我不相当；
真魂招不去，自招自承当。

有此就不怕了。一天一个妇人被人拍三下就发昏，当时公安局就把拍人的一个女人抓着；听说全身脱得一丝不挂的检查，查出一个小瓶，内有针七根。肚脐，肛门，阴户各贴膏药一张，她并且说出治被拍人的法子，是以童男子啃被拍人的手脚心。于是公安局就命她到被拍的妇人家如法炮制。据说：拍三下是拍去三魂，七根针是戳七魄，被取去的三魂七魄成一水点入瓶中了，被拍的自然定死。如果拍的时候不同他说话（但被拍的当然惊奇，问他何为），其法无效，或掼一个杯或碗，法也施不成了。三张膏药定是施法者的一种抵御敌人的武器，或应有的东西（此处是我的武断）。另外还有一种对付拍魂（或叫招魂）的办法，是用一个铜元，要上面有"闽关"二字的，即福建造的摆在身上，或打戒指戴在手上。"闽""冥"同音，"闽关"当然是冥中关了，而活人亦不得到冥中去，彼招魂者流，有何技可施乎？因上抄有纸人剪发二条，所以也把它拖上。

绍原又按：被拍时不得说话，似与被呼名时不得答应同理。说话便出气，而气者，魂也，故俗语有云：“三个不开口，神仙难下手。”“三魂七魄成一水点”，却又是杭州人的“魂灵水儿”一类的观念了。既信魂为气，又云魂为水；民间魂灵观之纷纭混乱，有如是者。

又叶君所报告的种切，不知是哪种人说给他听的？

——《贡献》四卷1期

1928年9月5日

中山墓与列宁墓

（1）淮安叶德均先生来函：

绍原先生：关于淮安人对于造孙陵的恐惧心及法术的防范，去年曾有函报告矣。今由亲戚家中找出红布条，上写八句的歌诀一首，但末尾多一句，就是：“扑魂随法破。”兹特将该布条寄上，请先生保存，以备他日历史博物馆中陈列也。

十八年二月十五日

（2）芜湖襄安泉塘应祥学校王瑞灵先生来函：

绍原先生：我们安徽无为县发现一种怪物，或者在你的迷信研究上并不能算怪物，就是用一块黄布，上用朱红写“敕令”，下并排写“我名石和尚，各叫自承当。早早回家转，平安去上方”四句，普遍的挂在未满十六岁儿童的肩上，好像军人肩上的肩章。可惜只有半边，又左右不一，煞是好看好笑又好气。我中国文化革命至今，尚发现这种怪现象，投机者借此发财，多买黄布写好，在街发售。慈悲者买回，博施济众。据说这是上界什么瘟神下降，收罗童男女到上方去。至于到上方干什么事，用此法有怎样抵制的效力，只得待迷信学者来研究了。特抄奉，或有一睹之价值，虽然这形同于“我造中山墓”那谣传。

十八年三月下旬

（3）绍原赘言：

无为以往和今岁上半年的情形，我一无所知，所以那里何故起了瘟神下降的传说和法术的防范法，恕我不参加什么意见。但是有没有这种可能呢：旁处的人都因为造孙陵而为童男女担忧，于是“石叫石和尚，自叫自承当……”的写起来，给小儿们佩戴上了；这消息传到了无为，做父母者也恐慌起来，本拟如法炮制，后来一转想，“无为离南京究竟很远，我们的小宝贝的魂灵儿，他们未必叫得去；不过小心一点也好，所以还是写几句咒抵制一下子吧，不过用不着特别提起中山墓，免得官府来和我们为难”。这样想的人所写的咒，必与王瑞灵先生所报告的那个格式相差不很远；莫明其妙的人见了又误以为抵制瘟神的，于是瘟神下界之说遂起。

以上的猜测如与事实有几分相合，便可以想见那个从首都传播出去的谣言，行愈远，愈淡化。淮安还是intensely infected area，而无为不过是slightly infected而已。

还有几句我久已想说的话。Joshua Kunitz在纽约《泰姆斯报》上面告诉我们：“在俄国文艺作品和民间故事里，列宁这个人渐渐带着点神话意味了。他是个无产阶级诗人，共产党党员，乌克兰农夫，海边渔人，西伯利亚牧者，和高加索山中的居民。因为这种种经历，现在的人竟把列宁想像为一个神话中的魁梧大汉，一个古诗中的伟大英雄。”“列宁差不多已经神圣化了。不管哪个俱乐部，大会堂，或工厂，处处都有一小块纪念列宁的地方。以前处处都供奉基督，现在却供奉着列宁遗像。列宁全集现在代替了新旧约全书。莫斯科城里的列宁墓，现在有无数忠实信徒们去朝拜。”其在文艺作品中，“列宁不仅是一个富于同情的同志，也不仅是和别人亲如兄弟，他还是一个豪杰，一个救主。许多故事和诗歌，描写他成为东方一切被压迫民族的救星。他有时鼓励着被压迫的乔治亚人民，有时扶助一个印度小孩，有时援引一个饥困交迫的中国苦力。列宁死耗传来的时候，苦力们都惊惶失措，这样互相诘问：列宁死了，这是什么意义？中国苦力们怎样了呢？”而且“关于列宁的神话，现在还正有加无已。在未来的许多年代里，俄国人必然要用他那神圣的名字，制造出一些稀奇古怪的故事来。将来一方面是历史上那个真的列宁，一方面却是那个假的列宁。后者只是一种象征，表示着俄国民众的希望和梦想”。（以上引孙伏园所编《当代》第三期里面的译文。）

为什么俄国有关于列宁的神话和民间故事而中国没有关于中山的？为什么列宁在俄国民众心目中成为好友，豪杰，救主，而中山于中国民众始终是个“总理”“总统”“革命的党头儿”？为什么列宁墓有无数的人去朝拜，而中山墓还没造好就发生了摄取童男女魂灵的谣言？

你固然可以说中国人民是个朴实而并不特别富于想像力的民族，说国民党对于民众的宣传工夫还没做到家，说中国民众的知识太低和太迷信。但这些都是极肤浅——几乎可说是搪塞——的话。真正的理由是：

列宁和中山不是一样的伟人；

中国革命和俄国革命不是一样的革命。

十八年八月七日深夜于杭州

——《贡献》四卷1期

1928年9月5日

重庆“近世瘟瘟降灾诸善请看”的传单

近日重庆方面发现一种“近世瘟瘟降灾诸善请看”的传单，在乡间的宣传力极大。

原文照录如下（原文无标点，不敢妄加，恐失真）：

北京近日有位胡大人前五年时在农工部（？）总务科长兼训练秘书长今年正月十五日死去三日还阳即将亲友叫来面前说今年有大瘟灾人死一半五月初一日瘟神下界施行瘟瘟六月间人死七八分若不信者身得大病口吐鲜血而亡若是虚言男盗女娼有仁人君子传送一张可保自身之灾传送十张可保一家之灾如有多传者与汝增福增寿即有效验刻有湖北朱姓等二位大人在京做官回家演说今年人死无数若不信者请看七八月间有妖怪出世半夜叫门不可应声五月五日

以后即初十十一十二十三日此四日午前不可开火午后开火做饭五月十三日天下洪雨如三六九日夜间叫门莫应即刊（？）大吉（以下原文有符一道，不录。）

破法如左用

用朱砂三分随带身边可解除瘟瘽之灾

用朱砂将此符抄写三张　一张贴大门上　一张贴房门上　一张带身边

此信由北京丰义大胡同寄汉口大蔡家巷吴祥即先生转发看后转送不可不转　　敬惜字纸

记得前几年也闹过这样的把戏，是说那年八月十五日，天地当要毁灭。但那预言似乎过于夸大一点，引起重庆的当局逮捕了一个自称能禁食四十天的道士，拘留了几星期，才平息。

这次的传单，便没有再蹈前辙的危险。左右不过是“瘟瘽，黑夜叫门不可应，天降洪雨”这一类——至于“洪雨”之不作“红雨”，当别有深心。万一那天没有红得像血的雨从天而降，当怎样办？“洪”可以训“大”的意思。“大雨”，便谁也该承认是可能的。你能武断今年没有瘟瘽、大雨等一类的现象吗？（但不敬得很，五月十三那天，简直滴雨未落，直至二十二，才倾盆似的落了一整天。）而且，“若有虚言，男盗女娼！”“若不信者，身得大病，口吐鲜血而亡！”你愿故意去“犯咒神”而以性命为儿戏么？

写到这里，忽然想起一位朋友的话：据他以前所见这样的传单，十之九是由北京传出来的，这大概是我们首都的特产品；而北京又为“首善之区”的缘故吧！我想。

徐匀十七，七，七于重庆

绍原按：将徐君的短文转寄给我的樊秋士君，指出重庆传单中“胡大人官衔的时髦化”，他又说：“记得束发受书时，曾奉慈命，临过那种传单和符不少。惜乎当年不加保存，否则再从直的方面去比较，不更有味么？”徐君所说数年前因预言天地毁灭而被捉将官里去的道士，不知是否唐焕章（“世界宗教大同盟”的提倡者）之信徒。唐派了一个姓邓的四川人，在北京传教。民国十二年我在北京见了预言天地毁灭的传单后，曾化名某某和俞平伯君去拜访姓邓的。我们跨进法华寺的后院，巧值邓公在那里发脾气大骂人，他著的书我们得到了好几种，人却不曾见着。一九二二年八月一日，唐氏在四川初以文字发表其预言，一个曾在中国传过教的美国教士见之，曾为文在芝加哥大学出版的《宗教杂志》上报告（Lewis Hodus：“A Chinese Premil enarian”，Jour.of

Red.，IX（1924），6，pp.592—599）。

一七，八，二十四

——《贡献》四卷1期

1928年9月5日

应时小品

下见十七年六月廿九日（即戊辰年五月十二日）上海《新闻报》：

怪传单亟应查禁

倘能传十张　　全家可无灾

如果要添印　　存板者发财

此中定有黑幕！

本埠近日忽发现一种怪传单，并有人粘贴门首，谓十一日至十三日，不能动烟火，否则有杀身之祸，因此有大部分人，竟信以为真，以点心充饥，免遭灾殃。此项传单，印发者，详明地址，表示负责。闻本埠军警当局，以其妖言惑众，骚扰民心，拟严查禁。兹查录该项传单原文如下：

各界注意今年的瘟疫。北京胡大人死了三日还阳说，今年人要死大半，五月初十日瘟神下界，六月人要死八分，若有不信者，身得大病，口吐鲜血而亡，倘有虚言者，男盗女娼。有仁人君子缮传一张，可保一身之灾，能传十张，可全家无灾，即有灵验。又湖北省之人，在北京做官后，回家演说本年之灾，人要死无算，若有不信，至后请看有妖怪出世。半夜叫门，切不可答应。五月之后十一二三日，不可煮饭，十三日过午开火烧饭，须用破法，朱砂三分，袋在身边，可除妖怪。此日天下红雨，三六九吉利。法租界卢家湾康悌路口福记米号郁载庭印送，此信由北京都姜堂王老太太送，板存法界八仙桥鼎新里五弄四号。

我比有些人似乎幸运些，因为六月廿五日（旧历五月初八）我就已经见到了这个传单，假使我有心，当然很来得及从从容容的预备一切。那日下午，二房东太太的婆家有人到杭，他交出一张纸，说是他从长安动身的时候老太太嘱咐他带来的。纸上有人用铅笔抄录了许多行的字，与《新闻报》所载的传单原文只有几个字的不同："今年的瘟疫"作"今年的瘟症"，"瘟神下界"句无"界"字，"可全家无灾"

句作“可保全家之灾”，“至后请看有妖怪出世”无“有”字。本文后面的附语，则为：

敬惜字纸阅后转送他人

此信（系？）田（由？）上海郑太太送印

可见上海之外，浙江的长安镇也发现过那个传单了，H先生既然将它带到杭州来，那么省会中总也算有了它的踪迹了。在以上三处和其他地方，它出现的时日和所从来，又它传布的广狭，和所生影响的大小，切盼有人赶紧调查一下，并通信告诉我。来函请寄杭州下板儿巷十五号。

——《贡献》三卷9期

1928年8月25日

北京胡大人与北京胡进士

“北京胡大人死后还阳”的传单，我已抄在《应时小品》里面。兹得周启明先生八月二日自北京来函云：今日又收到《贡献》三之五，见《应时小品》中说及“北京胡大人”，如逢故人，急从《语丝》中找出，果然！原来他是一位进士，而且在民国十六年也曾“死了……还阳”。今将《语丝》（一三四期）原文附上，乞阅。我想，如有材料，能一直溯上去，恐怕一二千年前胡进士便已有之矣。

另有开封陈善的信函如下：

岂明先生：

我写这信的缘故，是因为我们开封城近日发生了一件极奇怪的事，就是也不知道在什么时候忽地发现了“一道天书”——不，是一张传单。这一张传单竟能哄动全城的慈善家，道德家，迷信家的注意，这似乎是空前的事啊！

至于那张传单里面究竟说些什么呢？今我特意把它录在这里以供众览。

北京胡进士死去七日还阳传说四字关圣帝君观音大士降谕今岁五谷丰登人民多灾四月初五日瘟神下界损人一半九月更多此系山东历城县带来数字不信者吐血身亡若有虚言天诛地灭有人抄送一张可免一身之灾抄送十张可免一家之灾见而不传得病无救

倘有患病者用朱砂黄纸照抄四字火化用酒冲服愈矣

这个传单我是五月三日才见到的。自那日以后，若每一到街上，就见许多“见而不传得病无救”的话，在墙上恶狠狠的贴着，并且它的跟前还有许多人在那里争先恐后的抄写！

这传单传到我家是在八日，当时我的家庭就要我多抄几张，以免全家之灾，而倔强的我终于没抄半张，因此还激成一个小小的风波。

据说这件事，是出发在北京的；不知先生可曾听说过没有？

五月十四日，陈善于开封

岂明按：这个胡进士的事虽说是出在北京，我却没有听到过，因为该进士（倘若有）大约也总是什么善社的社员，与我们是很有点生疏的。这种传单或者也会有，不过我没有看见：北京街上的传单，格言，捷报等，贴在墙上牌上的东西，实在太多了，令人看不胜看，记不胜记，走过去只见一大片的“除暴安良除暴安良除暴安良”……不知道有若干个，眼睛几乎看花了，所以即使有胡进士的传单在那里，也不容易辨别出来。至于说是空前，那确是大疑问，据我所知道，实在是“古已有之”的，今钞录山西义和团传单以资比较（行款照旧，原物现寄赠北大研究所国学门）。

关圣帝君降坛由义里香烟扑面来义和团得仙庚子年

刀兵起十方大难人死七分大法悲灾可免传一张免一身之

灾传两张免一家之灾见者不传故说恶言为神大怒更加重灾善者可免恶者难逃知不传钞者等至七八月之间人死无数鸡鸣丑时才分人间善恶天有十怒一怒天下不安宁二怒山东一扫平三怒湖海水连天四怒四川起狼烟五怒江南大荒旱六怒遍地人死多一半七怒有衣无人穿若言那三怒南天门上走一遭去戌亥就是阳关定六月十九日面向东南焚香七月廿六日向东南焚香庚子义神拳戊寅红灯照丙午迷风起甲子必来到壬

申不算苦二四加一五遍地红灯照壬申到庚午乙酉是双月（原一行）

庚子才算苦等到乾字号神追鬼又叫六月十七日七月二十八日身代红布为记面向东南方祭（原一行）

之大吉人死大半传一张免一身之灾传十张免一家之灾（原行）

（原空行）

孔圣人张天师传言由山东来赶紧急传并无虚言

修功德无量矣

再，胡进士传单中有四个怪字，因恐印刷局为难，只得割爱了：好在我还记着，有人想用酒冲服者，可以专函奉告，这里姑且写作四个空格罢。民国十六年五月二十四日。

绍原按：或许是这样的吧：意识断而复续的状态，有些被人当作“死后还阳”解释。所谓“还阳”的人，被信而且自信已经到鬼界或神界某处去了一遭，在那里的确看着了什么东西或遇着了什么人物——普通人所不能看着或遇着的东西、人物。这一类的传说，当初必很有些个是Original（真实的，或云根据于或种真实事实的误解而来的）。众人对于“还阳”者的叙述，也颇能深信不疑。但是到了后来，情形便较复杂：有人想把自己所信或自己竟不信的某东西（一个符，一个药方，某个人或社会全体的现状，关于将来的一种预言以及其他）impose在旁人心上，而又恐旁人不之信，于是伪说曰：“不要不信，这是某月某日某处某人死后还阳所讲的呢！”后面这一类便不是Original而是伪造的了。北京胡大人与北京胡进士两传单，或许都属于后一类。

又两个传单都托为北京一个胡姓人的message，也很可注意。其原因我不知道，但我相信必有个原因——除非只是偶合。

十七年八月八日午饭前匆匆写完

——《贡献》三卷9期

1928年8月25日

梳头婆从后门送进的胡大人传单

招勉之来函：

关于胡大人的事，在《贡献》上知你很留心在采集这些标本。在当时听说我们的里中有人向各家分派过传单来的，家家都有。可是我家向无宗教，什么街坊打醮，马路打醮，某某寺募化，那是永远不来问津的，因为住在这儿多年邻里街坊都知道了便不大来请教了。胡大人的传单呢，也还是有一张从后门送过来，可是给家母一手捏了送到灶披里去了。那几天，真是热闹，街谈巷议都讨论这件事，但是终于平平地过去了。我的母亲没有受她们引动，虽然她也是旧人物。她以为如果这是真的，总有不少人死去，派传单是不中用的，应该用无线电话发放，如北京中央公园之发放孙总理的演说一样和派人家家去说明，才有些效力，因为什么抵制日货提倡土货也还是要放几天假去演讲才可以唤起一些微的民众感觉。本街坊里关于派传单及迷信宣传等事，今天才听说有一位梳头婆专司的，那天的传单也是她派来，故已托人去向她追索，如果不绝了版，当寄《贡献》发表——但相同的便不行了。

绍原附言：该梳头婆这样的热心，怕是因为单纯的救人救己之外，还有点旁的特别的好处吧？此点应请招老爷也竭力替我们查明。日前我就亲耳听见一件有趣的实事：一个“梳头阿姐”，一个“师娘婆”和一个寡妇，三个人串通了做好圈套，去骗某太太的洋钱、大蜡烛和鱼肉。细情我可以写在《国人对于西洋方药医学的反应》里面，这里不过顺便提到而已。杭州的梳头阿姐尚且如此聪明，料想她们的上海同业们必有更巧妙的戏法，等待招先生的灵活的笔去记载。

八月八日灯下

——《贡献》三卷9期

1928年8月25日

怪传单应送卫生大会陈列

上海东唐家弄周柏堂先生，将他所得“北京胡大人死了三日还阳”的传单，割爱寄了给我。我感谢之余，已把它收好备查。因思此类传单既然时常出现，而且似非各地的官府所能禁绝，好事者大可费点手脚，集而藏之，等本地或他处开卫生展览会之时，将它们取出整理好，注上应有的说明，送去陈列。这样做，或于“唤起民众”不无些许的裨益。其有赞成此议而自己又嫌麻烦者，则请将所见此类迷信宣传物，随时寄在下，我可以代为保管。

又周先生函云，此项传单“多由分报人附送”。他得到的一张，上刊“北京都姜堂王老太太送”，上海新北门内某印刷所代印。

八月二十八日

——《贡献》四卷3期

1928年9月25日

制造罐子与制造谣言

绍原先生：

许多《贡献》的后面，都有先生讨论关于“北京胡大人传单”的文章，这却使我对于拜读《贡献》，感觉到十二分浓厚的兴趣了。类似这样的传单，我从小在家里，每年都要见一次，时间在旧历七八月之交，传单之内容，无非是某月某日，天上瘟神下降，死人无算……有人抄送一张，可免一身之灾……见而不传，立受果报等语，与“北京胡大人传单”的意义，完全相同，所差的不过字句间略有变更，而且每年所见，千篇一律。结果，因为一般人司空见惯的缘故，“见而不传”的，实占百分之九十九，这并不是我们地方——湖南新化白溪堆上——的人，比较山东河南北京上海等处的更聪明或更不迷信些，因为他们得到一种特别的解释，并能确实指出这传单的来源。

距我家数十里的地方，居民多以制造罐子为业，那是一种粗笨的原始的瓷器工业。烧罐子的窑里有一位大神，名叫窑神，与人家屋里的灶神菩萨是同宗。敬奉这位大神，除了香火蜡烛牲牢之外，还要多造谣言。倘若谣言造不多，罐子就烧不好。

所闻如是，我不知山东河南北京上海等处，也有同样的罐子窑和那位奇怪的窑神没有？特写出来，用供先生研究“北京胡大人传单”的参考。顺候

大安。

方乘于九月十一日

——《贡献》四卷3期

1928年9月25日

药铺老板与怪传单

下面是松江后冈华泽之先生惠寄之稿，据云胡大人怪传单在那里的传布，某药店老板是很有功的，老板的目的，则显然是替

他店里的朱砂谋销路。我想幸亏后冈镇的人没上当，否则甲去买乙也去买，难保该老板不临时宣布朱砂涨价。此事虽小，可以令我们想见有些迷信背后确各有一般不迷的人在那里鼓动。一个迷信的原作者与传布者，固然许有真心相信的人在内；然黠者为了自己的好处而造作或传布迷信，也是常有的事。

十七年九月十一夜深

药铺老板热心于怪传单

请述胡大人的传单到我乡的来路。“须用破法，朱砂三分，袋在身边，可除妖怪。”妙极哉，妙极哉！商易来了鸿运到了！哈哈！一个人三分，十个人三钱，一百……一千……乃至千万，哈哈，岂非利帛星下凡了么！你还会记得某年同善社放了个狗屁说什么三日三夜天不亮，茶食店里的状元糕，冰雪糕……点心店里的饺子，馒头……甚至外国点心店里的拖司都买个干净，想来这一回的商易，总也有点把握罢。稀奇，真稀奇，谁说中国革命革不好，中国的百姓个个都革命了，单就我们的贵镇上，已革掉了药铺子里的卖朱砂商易了！有人说：大人的确有些革……了，可是小孩们仍是黄布袋一只挂在肚带上，写着什么“建造中山墓，与我不相干……”闲话闲话，革不革干谁的事，不过这回太难为了那家药铺子的老板，他非但做不到半个铜钱的朱砂商易，徒然枉费了许多辰光和精神，还外加几张毛边纸，叫他的徒子徒孙抄写传单，还花了几个钱送人去分送和招贴呢。这里我不得不感谢他，不然我哪里会在此写这不三不四的文字呢。

——《贡献》四卷3期

1928年9月25日

广州也出现过“北京胡大人”

今年三月廿九日上海《民国日报》的“觉悟”栏中，载有陈德徵先生的短简《致江绍原先生》，蒙旁人寄了一份给我看，吓得我不敢则声。数日前叶德均先生来函，道及“觉悟”栏中署名振振的《民风丛话》，曾谈起“北京胡大人”。赵景深先生也知道《丛话》于我有用，便寄了一卷来，于今晨收到，关于胡大人传单之文，见《丛话》五，九月十五日刊。

事实方面，振振君告诉我们（一）该传单及其Abridged Form曾于“今年五月间”出现于“两湖”；（二）公安局（哪里的？）曾布告取缔之（录有布告全文）；（三）他又根据六月廿二日香港《华字日报》的一段新闻，指出这“妖言”和类似它的“几种神话印刷品”在广州市也出现过。此外，振振君并且（一）断“妖言的出发点”为北京；（二）或许是五六月间“张大元帅”及其高等顾问“张天师”辈“所玩的法宝”；（三）“当时京津路战云弥漫，妖气自然敌不过杀气，所以从比较平静而荒僻的京汉线”“窜至两湖，靠着尚未告成的粤汉线而直达中国极南的广州市”。

广东两湖之外，胡大人传单在江浙方面也出现过。故倘若振振君所溯的传布线是对的，则此传单是由北京依着京汉铁路至两湖，在此至少分为两支，一支沿扬子江至上海，由上海搭沪杭车入浙，另一支靠着尚未完成的粤汉线南至广州。但我个人对于“京津路……妖气自然敌不过杀气”一语，实不敢轻易相信。现在我请求阅者帮助我查明以下各点：（一）京津、津浦沿路各站，有无胡大人传单的踪迹？（二）它在南北各地最初出现之月日为何？如果京津、津浦沿路各省不曾出现过该传单，或虽出现过而晚于两湖江苏，又如果它在上海的出现晚于汉口，则振振君所拟的路线方与事实相符。

师帅二张是否该传单的主动者，自然更值得确知。据说《贡献》虽不能入“革命策源地”广东及两湖，却还能到从前“反动势力”所在的北京天津等处。希望北方的同志（注：吴国老最不喜用“同志”二字，但我姑且再用一次）加入我们的调查讨论。

十七年九月廿二日于杭州下板儿巷十五号

廿五日续写：顷又将《民风丛话》（一），（二），（三），（四），（六）看了一遍，注意到振振君所用的材料大都取自汉口、长沙、成都、广州各处的报纸，而北方及津浦沿线各省的报纸，他一次也不曾用过。然则他是读过北方各省的报纸而不曾在上面发现北京胡大人传单的踪迹呢，还是并没看北方报而随便断定此传单是搭京汉车而不是从津浦路南下的呢？这是很重要的。北方报我在杭州也看不到，所以十分希望河北、山东、河南（安徽）的同志们通信赐教。

——《贡献》四卷4期

1928年10月5日

湖南湘乡见过胡大人传单

以下是李振翩来函（九月十五日自北平发）里面的一段：

胡大人的传单，我六月回湖南湘乡时，也在家中看见过。我家是在万山之中，张作霖被炸已有三礼拜，尚完全不知道，惟胡大人还阳事，却闹得满山风雨。传单内容，据我所记得的，似乎完全与《贡献》三卷五号所载者相同。这种普遍的大规模宣传，当然难免没有黑幕，甚至某种计画。

绍原按：振振君疑心胡大人传单是张元帅与张天师辈所玩的一种法宝，而李博士也以为“这种普遍的大规模宣传，当然难免没有黑幕，甚至某种计画”，可见得振振、振翩二君多少是共鸣者。我个人并不绝对的否认政治作用说，但我希望得到些确实的证据。

——《贡献》四卷4期

1928年10月5日

造谣与治蓝

方乘先生：

在《贡献》四卷三期看见你给我的信，高兴极了。贵处（湖南新化）之外的窑业，是否也拜窑神并相信谣言造的愈多出货便愈好，弟实在不知，姑写在这里，敬求各地同志通信指教我们好了。

但是我曾见明万历《钱塘县志》上说起当时染业治蓝时的造谣。恐先生尚未看过此书，故将前者抄出的那段志文披露于下：

> 邑刈蓝以染者，每治蓝，先流妖言惑众，众惑而蓝始成。通邑所传异事，闻之动色者，徒为此曹生色耳。故采异必以目，及任论笃者之目，耳食皆画饼矣。每窃谓此曹真蓝面鬼青面夜叉也。

现在杭州染坊中人是否还有这种举动，我探听不着。今夏我请国立艺术院院长及六七位教授在西湖杏花村吃饭，席间我曾向他们谈起那条志文，想引他们把他们每人所晓得的类似此的事件说点出来，但结果只得到孙福熙先生一个人的回响：他说绍兴也有染坊店里的人造谣言之说，所以人们若听到了太离奇的话，便问说者是否染坊里的人。

上节句句是真话。所引志文，出“外纪”“纪异”门，题为“染蓝”；和艺术家们谈话之事也并不假，福熙兄当可保证。弟素不烧罐，又非治蓝者，愿先生勿见疑也。

治蓝或他种染料者，当然希望良好的结果——造成能够改变所染之物的颜色的染料。谣言也是一种染料，但它所要染的当然不是布葛丝绸而是人的心。治染料时而造了使人相信的假话，便可以insure和increase染料的变色力，犹如小儿种痘时而另埋一颗黄豆于地，则豆与痘可以同运（豆长则痘发，豆萎则痘亦退；见董含《莼乡赘笔》，俞曲园引）。这纯是法术行为，与染神——假使有染神——初无何等关系。

但是造罐子烧窑为什么也被认为与造谣有感应关系呢？这也许因为“谣”“窑”同音，也许有更vital理由待发现。痘字的出现晚于豆字，窑字也许晚于谣字呢。有一点都似乎是确定的：业窑者的造谣，本也是一种法术行为，即使到了现在，他们自己和旁人都改云那是事奉窑神之一法。

贵处年年发现怪传单，是件重要的事实。但必谓全是制造罐子者分送的，或不无疑问。造谣专家的本领何以低到这种田地，只知道在定时传布定型的谣言，使人易于窥破？难道这般专家也和中国的旁种专家一样：其实不高明？这一点，敬烦先生再调查一下，不要冤枉业窑者才好。造谣者滔滔天下皆是，莫放掉任何真的罪人呀。

但先生所示，于我是一种极好的参考外，尤足供那些疑心胡大人传单出自张大元帅和张天师的人们的参考。至于我的目的在求真相而不在袒护二张，想来先生是肯相信的。

我在《发须爪》小书中说过，世界观人生观固然应该研究，然其余的观，如须发观，爪甲观，盆儿观，罐儿观，大小两便观，也不应不研究。今先生真引我研究罐儿观矣，若不高兴，更待何时！回信总算是很高兴的写完了，此刻再很高兴的祝先生健康，并祝普天下“打破罐子问到底”的人们健康。

江绍原　十七，十，十四，于杭州

顷闻玉珂云，俗传烧窑者常将一对童男女推入窑中，让他们活活烧死，如此“祭窑”，出品必佳。参看《发须爪》面十八至十九所引《吴越春秋》。

又“打破沙锅问到底”是一句俗话。

十五日

——《贡献》四卷7期

1928年11月5日

关于胡大人传单的讨论

下文原见十七年十一月廿三及廿四日上海《民国日报》“觉悟”栏，蒙赵景深、徐调孚两先生寄示，感感。

为“胡大人”答江先生

昨晚从书坊里读到四卷四期的《贡献》，内中载着一位江先生的关于“胡大人”的小品，还关涉到我，我只好细心领教。

江先生开头几句不相干的话，似乎与本题无涉，用不着我来回答；不过江先生从不相干的话拖泥带水地，引到我的拙作《民风丛话》，好像以前的所谓“吓得我不敢则声”，现在是有了什么话柄可揪，就把“不敢则声”的“声”发在我的身上：这一点或许就是江先生做这一篇小品的推动力吧！

本来我所写的《妖言的贯通南北》是列在《丛话》的第一则，不料寄到“觉悟”里，把我第一则删去，我有些奇怪，后来在《贡献》里看到江先生关于胡大人传单的话，我就明白“觉悟”编辑先生疑心或是抄了江先生的“胡大人”，我就写信给编辑先生说明：“我在搜集到这种材料之先没有看到江先生的‘胡大人’，可以说是不约而同的发现，或者可以供江先生的参考，况且我所举的材料也不尽同于江先生；如果有什么闲话，我来担当。”这样，这个“胡大人妖言”便在第五则里登出来了。可怪的，“觉悟”编辑先生早猜到江先生的要有“声”，我也预算到江先生的闲话。

题外之话少讲，谨对江先生作简单的答复：

一、江先生小品的题目叫做《广州也出现过“北京胡大人”》，用这个“也”字的语气，好像广州出现“胡大人”的传单是没有事实的根据。按六月二日香港报中有“查传布神话者，最先原为一湖北人，嗣为武汉公安局严厉查禁，遂辗转而流传于广州”，而“胡大人”传单里即有“湖北宋姓等二位大人在京做官回家演说”的话，两两正是相合；同时，该妖言流传于两湖方面，为武汉公安局所禁，与乡（绍原按：“香”之讹）港报记载也是相合。可见流传于广州市的和在两湖被禁的必是异地而同源，至少也是流窜的变态（说它是流窜的变态，因为广州市的妖言，有“刘伯温救劫碑”及“观音救世”“关公救世”等，已经和原来的“胡大人”有些不同了）。所以，“北京胡大人”，也可以因为流传到广州而称之曰“广州胡大人”，用不着加一个“也”字。

二、江先生非难我所假设的贯通南北的“胡大人”的路线。现在我先申述我假说的根据：第一，胡大人的传单出发于“北京”，因为传单上有“北京胡大人”及“宋姓等二位大人在北京做官”的话；第二，其次流传于两湖，因为传单上有“湖北有宋姓等二位大人在北京做官回家演说”的话，而流传于两湖为武汉公安局所禁又为事实；第三，广州所流传的妖言又以“传布神话者最先原为一湖北人”为根据，而有“嗣为武汉公安局严厉查禁遂辗转而流传于广州”的经过；可知妖言自北京而两湖而广州的一贯的路线。这是我根据所见到的事实而假设的假定。自然还有假定的例外。据江先生说胡大人传单在江浙方面也出现过，这或许胡大人并不依照我假定的整整齐齐的路线，而乱七八糟的“胡走”，此“胡大人之所以为胡大人”。譬如火车尚且要出轨，何况是“死后三日还阳”的胡大人呢？但是，胡大人走路纵然出轨，而我以事实为根据所得的“胡大人自北至南的路线”总不会完全错误吧？同时我也很希望胡大人不仅搭京汉路走粤汉路，更能够化成了无数的胡大人能从“津浦路”直达“沪宁路”而转搭“沪杭车”，以与专门研究迷信的江先生见面。望北方同志（注：是“转用”江先生的）赶快把“胡大人的行迹录”用真凭实据搜集拢来。这样一来，我可以揪住一个从北京而两湖而广州的“胡大人”，江先生也可以迎接一个从北京而津浦沪宁而沪杭的“胡大人”，我们二人把这两位胡大人招待好了，“今年人死一半”的事实也许可以不会实现。歈欤盛哉！不但可以收保一身一家之功，且可以收保天下之功也！

三、传单是否有政治作用，江先生也认为重要，而对于我所假定的“师帅主动”加以再三辩难。我以为这个传单的政治作用的意义是非常显然的，至于“师帅主动”是假定中的假定，用不着深究。传单之含有政治作用有几点可以看出：一、传单上辟头二字就是“北京”，北京是一切反动势力的根据地，而尤其是政治反动势力之根据地，在湖北方面替胡大人做宣传员的也是“北京做官回家”的“官”，这岂不是很值得我们注意吗？二、胡大人的“胡”字亦堪研究，因为胡字本为汉人对北方夷狄之总称，在民族革命的时候，汉人尝指满人为胡，如从前以军政府名义所发的《讨满洲檄》上说：“蕞尔东胡，曾不介意，乃使建虏雉兔，窜伏于其间，荐食沈阳，侵及关内，盗窃神器，流毒于中华者，二百六十三年。”我想这一个“胡大人”一定是满清仁兄大人，自从打烂了龙廷宝座暗底里运动复辟而化身的一个精灵，至少是带有复辟臭味的人，以此为号召的工具，不然何苦这样大规模的宣传呢？退一步说，就是“胡大人”与“满清仁兄大人”无干，但是妖言之所以能惑众，是由于人民生活之失保障与政治之失安定，说不定反动分子利用宣传此种妖言以有所企图，岂不是对于政治更有关系呢？至于说到张大帅与妖言的关系，并非全无根据，因为妖言流布的时候张作霖还没有炸死，说个笑话，就是张作霖炸死了，他的诸葛亮式的锦囊计依然可以实行，亦无妨于妖言之流布呵！所以我还是断定，这个妖言的背景，多少有政治上的作用。

所答于江先生者，约略如此。

我个人很愿意避开意气的争执，而从事于真实的讨论。屈指算来，“觉悟”自今春一直到现在，关于笔战式的讨论始终没有停过，已经弄得战云弥漫，用不着我们再在锣鼓阵里凑热闹了。很愿江先生更有所指正并望各地的朋友予以材料上的供给，务须把胡大人“胡走”的路线寻出！我的通信处，是：南京铁池汤（绍原按：“铁池汤”是“铁汤池”之讹）财政部图书馆内黄先生转交。

十七、十一、十六日下午

作者对于我的动机，颇有点误会。但我可以把这点看开，直接去讨论本题。

（一）胡大人传单，在广州出现过否？我写小品《广州也出现过“北京胡大人”》时，以为是出现过的。因为第一，香港《华字日报》云，“在最近广州市中，有几种神话印刷品，最为流行，而以所谓‘刘伯温救劫碑’一类为尤多。文中谎言，无非借兵灾疠疫，死人若干，及如何可祈祷以免祸以惑人，末则劝人代为出资，广事宣传，可祛哭（苦？）难之一片荒诞语”（《民风丛话》〔五〕引）；而且第二，振振君又云“这个谣言的搭客，直捷地以北京为起点，依着京汉线而至两湖，靠着尚未告成的粤汉线而直达中国极南的广州市：这条谣言的路线简直贯通了中国的南北”——香港报固然不曾明载北京胡大人传单在广州出现过，然振振君既用为材料，所以我那时以为他是把“北京胡大人”传单认为在广州流行的“几种神话印刷品”之一，而且我也承认了我认为他所承认的，于是将小品的题目写为《广州也出现过“北京胡大人”》。如今振振君出来说明他只认广州市的谣言为“北京胡大人”“流窜的变态”而不是它的本相，我方才明白我以前误会了他的意思。但是我现在又不敢断言北京胡大人传单必定不曾在广州出现过，因为香港报虽然没提到这个传单，却也不曾明白否认它在广州流行过。究竟广州市上的“几种神话印刷品”有无胡大人传单在内，我至盼广州（和广东省其他地方）的读者们替我们调查一下。（假使广州并不曾出现过北京胡大人传单，又假使那里的“刘伯温救劫碑”等谣言确为北京胡大人传单的变态，那么，胡大人岂不是不但“胡走”，而且“胡变”吗？一笑。）

（二）什么是北京胡大人的路线？关于此点，振振君写《民风丛话》〔五〕时，只根据了他所见的材料，说妖言是自北京而两湖而广州；但他读了我的小品之后，已承认该妖言还走了旁的路线，虽则“自北至南”的总方向他仍旧坚持。欲解决此问题，不能不先讨论胡大人传单的出发点。

（三）胡大人传单是什么人在什么地方造出来的？又他的动机是什么？振振先生是力主政治作用说的，他以为造传单的地点是北京，而造传单的人是张天师张元帅，或“满清仁兄大人”，或复辟党。我的见解，不幸和振振先生的不很同。在南京、汉口、广州或任何地方始创的谣言，便不能“劈头二字就是北京”吗？当人民生活失了保障，政治失了安定，而且又有旁种苦难逼来时而发生的谣言，便不能四方八面的传布开去，恍似背后有个抱有政治作用的主动者吗？“反动分子利用宣传此种谣言以有所企图”的可能，我是承认的，但利用与始创究竟有别。所以胡大人传单究竟是否在北京的某种人物造出来摇惑人心的，我认为仍为待研究之点。

总之，我以为与其见了胡大人传单便只知道慨叹北京的腐败和疑心师帅二张或其他反动分子的阴谋，远不如仔细访问这传单在各省各地出现的时日，channel，影响等等。惟有这种访问调查所得到的材料，能使我们多少看出那传单的来历，意义，和政治上各种“反动”分子对于此事应负几分责任。我希望振振先生能得到很多的材料，同时我并且希望也有人直接供给我各种材料。我的住址是：

浙江杭州下板儿巷十五号。

十七年十二月十日写完

——《贡献》五卷1期

1929年1月25日

北京胡大人乎？南京胡大人乎？

樊缤致江绍原函：

（1）九月十九日来函：

昨夜失眠，忽然觉到妖异之说，如怪传单之类，不发生于肃杀的秋天，严酷的冬天及暖和的春初，而乃发生于春夏之交者，以夏天有流行疫疠，足死人无算之可能。这分明透露了造谣者投机的消息。

（2）十一月某日来函：

怪传单上不是说过天降红（洪）雨的话吗？日子是五月十三日，先生该记得。我不久曾想起那天是单刀会，就是关公单刀到东吴去赴会的纪念日，据什么书上说，那一日大概都下雨，故称之曰“磨刀雨”，我想这或者又是造谣者的投机行为。固然我们早就不相信天下洪（红）雨这场事，而且事实告诉我们也是千真万确那一日并未下洪雨了，可是重庆人真的相信了那个我们认为怪的传单了。原来在五月十一前后，重庆革命政府捕获了大批“共匪”，说是供称拟计划“秋暴”，就是预备在打稻时暴动。漏天机的，故红者赤也，赤者共也。这样合乎逻辑的解释，还会叫人有怀疑的余地么？这也是于飞君说的，他说等他回去时，把他家的符揭来给我看。现在大概他还未到宜昌。

至于振振君、李博士及先生有些疑心那东西有政治作用，我则请诸位不必。前信我已说过，这东西我很清楚地记得在过去十年中至少见过三四回了，绝不是今年才发生的新把戏，不过今年因先生的引起始为大家注意罢了。汉族不死，来日方长，等着再瞧罢。

江绍原复樊缜：

接到您的第二信以后若干日，弟处来了一位新近“朝”过峨眉山的人——成都大学生物学教授，旧雨重庆李立藩（君范）先生是也。不等我问，他便告诉了我许多四川的怪事，其一即胡大人传单的出现。

他说今年阴历四月底，他在重庆许多地方亲眼看见那个传单，什么“天降洪雨”，什么好几日不可煮饭，什么妖怪半夜叫人，答应不得，上面都有，但是也有几句和我们在江浙所见者两样，只可惜他已记不清了。相信的人不少，他们都忙着准备各种干粮。五月十一日，他坐在一只小汽船的官舱中，这船是从重庆开往叙府的。买办真热心，竟亲自去劝李先生和旁的乘客，过几日再进烟火食。

李教授而且说道：“啥子北京胡大人，我想这一定就是四川本地造的谣言。”我自然向他要证据咯，只听他滔滔不绝的说了四川方面最近和过去的一大串怪事（过去的如唐焕章的世界宗教大同盟，较近的如赖军长行文各处要收多少柄杀过人的刀，集齐熔化了铸四千个伏魔杵），以证四川民智之低。

所以您看：振振先生因为觉得“北京是一切反动势力的根据地，而尤其是政治上反动势力之根据地”，于是便断言那个怪传单是北京传来的，理由是传单上明明有“北京”二字；李先生则因为深觉得四川民智之低，于是便断言，那传单是四川的土货，是由四川传到旁处去的，而其劈头的“北京”二字，不过是一种障眼法。究竟是谁猜得对呢？“天晓得！”而且如果我所听见的消息可靠，南京似乎不能说不是也腐败，所以假使我要加入这传单出发地的猜测，我或者该一口咬定南京吧。倘若你们向我讨证据，你们可就大上其当，因为我将趁机会把我所知的南京黑幕一幕一幕的演说给你们听。“外快”不计外，每月拿好几百块钱薪俸的南京官，还有歌颂孙传芳大帅，准备他过江重来者。若说这样腐败的人所在之地不能产生区区一北京胡大人传单，可真要把我“糊涂死”了！北京胡大人乎？南京胡大人乎？呜呼，呜呼，呜呼，呜呼，第五个呜呼！

十七年十二月十日记

——《贡献》五卷1期

1929年1月25日

七八年前的反动刊物：北京胡进士传单

叶德均来信（十八，一，廿一，自淮安）：

偶翻家中的废物堆，找出木板一块，原来是关于胡进士（不是胡大人）死后还阳的传单的木刻板子。此传单的发生，大约是民国十年到十二年这几年的一个秋天的事。如果年数可靠，那么是在胡进士胡大人传单中（指先生的小品中集录的来说）最早的了。现在拓下两张附上。二三月间来沪，届时先生如在上海，可将该木板奉送先生保存。

绍原答复叶先生几句：

承允许把那块版片送给我，照理应该说一声感何如之！因为这宗我所谓“文化垃圾”，我此刻的确很想收藏点。不过呢，现在正有人疑心那北京胡大人传单若不是张学良委员的老子会同张天师所“玩的法宝”，便是和他们二位一样有“反动”臭味的人们散布出来的。那么，我收受了胡进士传单版片之后，倘若有个把冤家对头——人生在世，谁能没有冤家对头——向革命机关给我一告发，说我是张委员的封翁从阴间派来的捣乱分子，既然有版为证，试问那时我怎能狡辩呢？刑讯我可受不了，招了又得吃卫生丸，与种种文化垃圾，永远分首。到了地府，不奉张元帅、胡进士、胡大人那批人为君为师为官，就不免被他们当作共党，绑出去再杀一回；倘若乖乖的投降了他们呢，郭松龄、杨宇霆、徐志摩的情人林长民，以及黄花岗七十二烈士们，难道肯让我逍遥自在！版片不要——不要定了。叶先生，饶我这一次吧。

十八年一月廿八午前一时写

——《贡献》五卷1期

1929年1月25日

四、医药

用相片的远隔治疗到北方去的铃医

最时髦的术士，有利用国人对于照相片的迷信以敛钱者。此据北京丙寅医学社《医学周刊集》第一卷（十七年一月出版）页二四四所录太灵道院灵子术治疗章程而知。该章程中之一段云——……无论何病，均以灵子术治疗，概不采用药物……远隔治疗，一星期起码。每星期十元，一月四十元。受治者须将病人相片，书于病状，年籍，连费送到本院，即照施术。

从同页贾魁君的叙述，我们又多知道几件关于铃医的事实：（1）北方也有他们的足迹，摇铃之外，又牵一只骆驼；（2）他们自以为能从病人贴身的服饰诊断疾病的起因与性质。

北方的乡间，常见有一种江湖卖药的，拉着一只骆驼，摇着一个铃铛。因为他们的口音，类似南边人，所以我家乡的地方都称他们为南蛮子。穷乡僻壤的愚民，特别是一些妇女们，以为远来的和尚会念经，（绍原按："远来的和尚会念经，"想系一句成语。）很是信服他们。而且人们心里有一种相同的迷信，以为……某地方若有宝贝，平常人看不出的，他们能看出来。"南蛮子盗宝"，在我家乡是很平常的一种神秘的故事。

记得我六七岁的时候，邻家一个十四岁的女儿有了病。凑巧门外来了一个拉骆驼卖药的南蛮子，病人的母亲就请他诊治。这位南蛮子的诊断法，很能迎合一般愚人的心理……他不但不要求见病人的面，也不扪脉，连大门都不进。他叫人把病人贴身的衣饰取出一件来。他们就把病人的耳环子拿出来，交在他手里，于是他就用一种听不清楚的方言，似唱非唱，似歌非歌的，向病人的母亲和围视的人，讲说这病的来源因果。结论是病虽很重，若是肯买他的药，可以保好。但是过了四五天之后，一个掌上珠被埋到黄土垄中去了。

绍原按：若问这般铃医何以用病人贴身的衣饰就可以看出他害什么病，我猜想他们必这样回答：病因（鬼魅，禽兽，恶虫之类）

或病因在病人身上生出的效果（汗液气味之类），能使服饰变色，变味，或竟变形；这些改变虽非你们所看得出，却逃不过我们的眼。这个回答所根据的原理是个极古老的迷信。参看下条。

——《新女性》三卷10期

1928年10月1日

嗅相和声相

相面，相手，相骨，是我们所熟知的。此外竟还有相臭和相声者。此二术中，嗅相——嗅衣物以判贵贱吉凶——似更不多见。明嘉靖《仁和县志》卷十三云：

> 绍兴间（宋高宗年号，1131—1162）有术士耿听声者，能嗅衣物以知贵贱吉凶。德寿闻其名，取官人扇百余，杂以上及中宫所御，令小黄门持叩之。耿取视或至后扇，云："此圣人，但有阴气上浮。"即呼万岁。上奇之，呼入北宫，又取妃嫔珠冠数十视之，后视一冠，奏曰："此有尸气。"时张贵妃已死，此其故物也。
>
> 后居候潮门内，夏震微时，尝为殿帅送酒于耿，耿闻

其声，知夏必贵，遂以女妻其子，子复取其女。

人们的确各有其特别的气味（smell），自然的和人为的。而且这气味传到了他们着过的衣饰或触过的东西上面去之后，是经历一段时间才会消灭的。然人们的嗅觉没有狗样的灵敏，所以往往不能够辨别之耳。有些医者和卜者们若自以为其嗅觉的灵敏足以超过普通人而与狗类比美，我们听了，诚不必立刻就断为欺人之谈，但他们若说嗅得出什么鬼气，尸气，阴气，于是借以断定其人的疾病生死，贵贱吉凶，我们可真该把他们送入反省院了。

不但从本人所发出的声可以预卜他的祸福吉凶，甚至于从他身上佩戴的东西所发者亦可。宋人王谠的《唐语林》卷五云：

> 裴知古自中宗武后朝以知音律直太常。路逢乘马，闻其声，窃曰，“此人即当坠马。”好事者随而观之，行未半坊，马忽惊，坠殆死。又尝观人迎妇，闻妇佩玉声曰，“此妇不利姑。”是日有疾竟亡。其知音，皆此类也，又善摄术，开元十三年终，且百岁。

此外还有凭非人所发的声（例如鸟声风声）以占休咎者。

这些迷信，不在本题范围之内，且等将来引证吧。

——《新女性》三卷10期

1928年10月1日

“尸气”——“知死臭”

我曾怀疑人的衣物上果有什么“尸气”，为术士所能嗅得出，今读刘丕基《人间误解的生物》第三编里面的一条，方知我以前的怀疑也许是可怀疑的。此书“枭叫误解为死人的预兆”条云：

> 枭鸟当然没有预知人死的本领，它的叫声当然和人死没有关系的，受普通教育的人都是认为迷信。但详细考研起来很有微妙的道理在……据现在富于经验的医生说：人在将死的三五日前，身体上定要放出一种臭气。那臭气的性质，难以笔墨形容，而且苦无相当名词以名之，只好叫做知死臭。
>
> 从这种臭气的有无和它的强弱上，可以断定病者的前途。这种臭气，就是嗅神经已退化的人类，有时也尚可感觉；那么，嗅神经发达的枭鸟，当然更嗅得到了！而且这种枭鸟，最喜食腐肉，一嗅着这种喜食的美味，就引起

它的食欲动机了……还有一个证据在：有一个内科医院服务的看护妇，当病人入院的时候，她就可以断定病人的生死。医生奇之，问她的理由。她说："凡人将死的时候，定有一种特别臭气的！"我们得了这两种报告，可以确定人在将死时，肉体上定有一种腐肉状的臭气放出……

……但所有人将死时发出的特别臭气，这没有确实的证据：我们断不能贸然相信的。（面一二三至一二五）

即使人将死时，身体上的确发出"知死臭"，然这臭气究竟能在他的衣饰上停留多久呢？又病人身上也许发出特种的臭气，但是否一病一臭，所以有经验的铃医竟能凭臭断病呢？以上两点未得到解答前，我打算仍保持我的怀疑态度。

——《一般》六卷4期

1928年12月5日

中国民间婴孩杀害的原因

据日本人西山荣久分析，中国民间的婴孩杀害——Infanticide——共有以下十三种原因（见他的论文《中国民间的婴孩杀害》，宣昭、觉农合译，载于《新女性》四卷六号；此文并论及中国婴孩杀害的起原，现状，和影响）：

（1）迷信——举《史记·孟尝君列传》及《癸辛杂识》举五月五日子为例。

（2）怀孕时有奇特的故事——举例：《诗经·大雅·生民》篇后稷之被弃；《指月录·五祖弘忍传》生后之被抛于浊港中。

（3）孝道——郭世道瘗儿养母；《明史·孝义列传》中《沈德四传》，江伯儿母疾愈，杀儿还愿。

（4）为自己的利益以媚人——易牙杀子为菜以献齐桓公。

（5）一时偏激的情感。

（6）家庭不和。

（7）妻妾间的妒忌。

（8）战乱时。

（9）男女间的失伦。

（10）儿女的身体不完备——未举例，只云“这是中国各地通行的”。

（11）子女过多。

（12）迫于饥饿。

（13）虑一家将来的负担。

（1）（2）（3）（10）四种原因及其实例，我在广东所编的《迷信研究讲义》都曾提到。此外我还举了杀小儿而用之为药或役使其灵魂之迷信，但前者不是杀害自己的小儿女，不在西山荣久所界说的infanticide范围之内，所以他在论文中只提到之（并于小注中举《刑案汇览》第二十八“采生折割人”条嘉庆十六年“舐吸婴儿精髓致毙幼孩多命”一案为例），而不列为“原因”之一。

西山荣久并且在末段“赘言”中辩明“幼儿的尸体遗弃”与Infanticide不能混为一谈。他说殇儿被视为讨债的冤鬼，故不埋葬。但我们可以补充一两句：幼儿的尸体不但抛弃了“一任犬鸦的啮食”，而且许被斫几刀，或剁成几块，以防其再来投胎（今春汉口便发生过这种事，见《大陆报》，原文附在篇末）。又怪胎往往也享不到埋葬的权利。本年七月二日清江浦《江淮民报》（叶德均寄赠）云：

猴头人身之怪胎

南门外田聘三之妇所产

以其不祥当时用棍击死

本埠南门外演武厅西街，朝东门面田义兴杂货店，田聘三之妇，年二十一岁，于前日下午八时临盆，产一女胎，猴头人身，满面生毛，口有齿，眼暴睁，皮色青紫，长约一尺五寸，两手频搔其头，下地即乱跳，猴形毕雾（露）。其家以生此怪物，咸为不祥，乃与接生婆共击一棍，头破而死，原拟埋弃，后经邻人详（谓？）怪胎不宜埋葬，乃弃于演武厅中。昨早城内已哄传，趋往观者不计其人云。

最后我还对于读者们有一个请求：讲到（1）（2）（3）三种原因，我和西山所见的皆只有古代的例；它们若尚存在于现代民间，请见告。

——《新女性》四卷9期

1929年9月1日

一些治病的符咒

绍原先生：

近日在祖父的抄本遗书里，见到好些治病的符咒（据祖父自注，这是从一个久客四川的亲戚那里得来的），颇可作民间医术研究之材料，兹择其较可注意者另纸录奉，如于先生有用，以后当陆续“贡献”也。

吕蓬尊　四月廿八日

治赤眼符咒

赤眼鬼、赤眼神，你系青州杨县人，久在张家门下扫厅尘，因此飞沙飞入眼，以此变为赤眼神。本处地头不许汝住，却到他乡扰乱人。你有火轮三百个，我有水埕础三百万，将来摄汝之精。吾奉玄元帝君令，摄你赤眼鬼之精，速往魁星罡之下，毋令你动。

消疮符咒

日出东方，皎皎苍苍，仙童玉女，委我焦疮。一焦不要痛与疼，二焦不成血与脓，三焦不成疮与疖。速消速消，莫待来朝；速散速散，莫待来旦。一焦血父，二焦血母，三焦血父，四焦血母。焦汝无名种（肿？）毒，速速消除。吾奉太上老君，急急如律令。

焦三次，焦完将上七字书于疮上，后画大圈围之。

封血符咒

一断血父，二断血母，三断血祖，四断血路。祖师化吾身，本师化吾身，玉皇蟮女化吾原，此伤化为鳅蟮，此肉化为烂黄泥。吾奉太上老君，汲汲如律令。

先以两手指写井字于伤口，连念咒三次，以口气叱伤口三次，其血即止。

治瘓癱咒

邪风坠身，手足不能移动，形色不红不肿，骨痛筋紧，以三姓人灶尾吼灰并蒜头擂烂敷患处（取灶尾灰时，须缄默不言，不畀人知，方得应验）。

咒曰：天变地变，邪神外鬼在身边，助我身上滞九原，太上老君尽消除。符令敕。

连念七次。又用别姓人火灰和醋擦患处，亦擦七次，痊愈。

绍原谨复：治病的符咒，除各朝人笔记杂识所说起者外，我只见过三四种专集：孙思邈的《禁经》，《祝由十三科古方选注》，通行本《祝由十三科》（有各种木刻石印本，内容不尽同），和上海某书局石印的《辰州符咒全书》（订价太贵，尚未买）。先生所抄示者，自然与旁的符咒同样可贵，承允续寄，至感。材料多了再讲研究，未为晚也。又近蒙贵同乡招勉之先生寄赠抄本《酬恩释褐辞》，云系广州人行“跪龟”礼时，巫者所诵。不揣愚陋，将写一长跋，在上海杂志上发表之。

十七年，七月，卅日

——《新女性》三卷10期

1928年10月1日

治疯病法

下面一文，原载今年八月廿七日《时事新报》“青光”栏，承叶德均先生剪下寄赠，好极。

治疯趣闻

（上略）乡人迷信神权者多，以为人的成疯，都有疯鬼附身，疯人一切的作为，是受疯鬼的指使，非但不去安慰他的失望，并且用严酷的手段，桎梏他的行动……吾乡某少年，因受恋妇的遗弃，郁郁寡欢，就成疯人，天天在街头巷尾，胡言乱语。其父母很为担忧，就替他用神权治疯之术。一天夜里，先使一人伏在伏魔大帝之后；再叫四人，扮了皂吏的模样，立在两旁。案上点着一对若明若灭的烛光，阴森森如入地府。然后由一皂吏，手握铁索，往系少年来，跪在案前。这时少年口中喃喃不绝，并无惧状。陡的案木一响，神（就是伏在神后的人）发言道：你这无知小丑，今在帝前，还敢胡言乱语，实属胆大已极，快替我用刑。于是四个皂吏，就把少年揪倒，用粗阔的毛竹片，一五一十的打几十下，打得不能动弹，就算了事，遂由亲人把少年招回家中。讵料静养数日，仍旧疯疯癫癫，白吃一场苦楚，也可谓可怜之至了。

绍原按：杭州城隍山也有“审疯子”的举动，每年一次。据说被这样吓好了的疯人不是没有。古希腊称疯狂为“圣病”，治法亦颇怪诞。在我的医药迷信研究计划中，有一条是“Some specific maladies more thoroughly considered”。我打算用为对象者，除痘疮及疟疾外，便是疯狂，各处同志若愿意帮助我，何幸如之！

——《文学周报》七卷13期

1928年10月7日

吴德芝《书天主教事》

同治九年（西历一八七零年），天津谣传天主教贞女之收养孤儿幼女，是“专为剜眼剖心，泡制洋药之用”；至西历六月四日，竟闹出杀人放火的教案。此事的经过，北京主教樊国梁在其《燕京开教略》中述及。小品七十二已引过此书，故今不赘。这一类的流言，在从前不限于天津一地，也并不始于同治年间。而且文人学士竟有将此等无稽之谈形诸笔墨者，下面便是一条，去年我在北京偶然看着抄下来的。

雍正二年（西历一七二四）天主教被清廷查禁。时有湖北黄冈人名吴德芝者，看了大痛快，于是提笔写了一篇《书天主教事》，中历数教士之罪恶，然大抵皆无稽之谈。约百年后，福州梁章钜慨夫该教又抬了头，故将吴文录存于他的《浪迹丛谈》卷五中，俾世人知所警戒。吴文有云：

（天主教宣教师）又善作奇技淫巧及烧炼金银法，故不耕织而衣食自裕……（归教者）按名与白银四两……有疾病，不得如常医药，必其教中人来施针灸，妇女亦裸体受治。主者遣人来殓，尽驱死者血属，无一人在旁，方扃门行殓事。殓毕，以膏药二纸掩尸目后，裹以红布囊，曰衣胞，纫其项，以入棺。或曰借殓事以刳死人睛作炼银药，生前与银四两，正为此也，故死时不使闻知。若不听其殓法者，谓之叛教，即令多人至其家，凌辱百计，权四两之子母而索之……工绘画，虽刻本亦奇绝。一帧中烟云人物，备诸变态，而寻其理，皆世俗横陈图也。又能制物为裸妇人，肌肤骸骨耳目齿舌阴窍，无一不具。初折叠如衣物，以气吹之则柔软温暖如美人，可拥以交接，如人道。其巧而丧心如此。

“以膏药二纸掩尸目”，不知是否extreme unction教礼之误传。“妇女裸体受治”，则无疑是误解了西洋的诊察法。

——《贡献》二卷4期

1928年4月5日

畏疑西医之故

中国人从前为什么如此的怀疑西医，以至于谣传他们剜眼剖心，用以制药呢？“四明医学士余岩”在他的《箴病人》篇（《灵素商兑》附）中释曰：

> 新医学之流入吾国也，以西人教会为先导，碧眼紫髯，其形状，国人所未曾见也；旁行斜上，其文字，国人所未曾读也；祈祷洗授，其举动，国人所未曾习也；称道耶稣，其所崇信之教主，国人所未曾闻也；故其对于教会，已抱疑忌畏恶之心。加以医治病人，动用刀针，乃目为杀人之凶慝矣。且西医来华，学问稍优者，皆具有研究之心，人种不同，骨骼筋脏，疑有差异，此其欲研究者也；病原不一，遇罕见之证，不知底蕴，必探原竟委，检视内景，以为医学进步之谋，此其欲研究者也；遇有奇异之处，变化明著之内脏，则取而藏之器中，加以药品，使不腐败，以资后学者之参考，其意至恺恻也。不幸而保守尸体为吾国最神圣不可犯之旧习，国人见其如此也，遂哗然以为杀人食人，如水浒绿林之所为矣，百口辩解，

终莫肯信。《中西纪事》一书，明载人眼可以炼纹银之语，言之凿凿若有凭。文人学士，其论如此，又何怪乎群议沸腾，蚩蚩者之嚣然而起耶。道咸同光之教案，层见叠出，丧地亡财，皆由于此，追思之几成笑柄，可胜浩叹哉！今则学问大通，其冤渐白矣。然而先入为主，旧说之势力，犹存余孽，畏疑之念，尚在人心。此其原因一矣。（余氏所举原因第二第三，暂不引。又《灵素商兑》本书，也等将来再详细介绍。）

绍原按：西医从何时起解剖中国的死人，待考。然远在其前，似乎已有洋鬼子杀人食人或用人心人眼配药之胡话了。旧时愚人用以比拟西洋传教士者，我怕只少分是“水浒绿林”，而多分是术士——行邪术者。我国的术士的确有采生折割的举动，大家平时熟闻其说，所以容易疑心传教士也有这种举动。此点非常重要，我以前在小品中已经指出过。至于愚人所以会把传教士疑为邪术家，也不是没有他们的理由：西教士不但有“祈祷洗授”等宗教上的工作，而且他们所用的东西（如镪水，铳，摄影机以及药物）也是灵验不过的，也是愚人所莫明其妙的；这些东西既然如此奇巧和非常，他们便以为当然不是用普通的质料制造的了。中国人从何时起肯用西药，亦待考；

但我相信，如其那时所用的药不发生效力，他们当然更不信西医，反之，若很快的发生了很明显的效力呢，他们仍旧会疑心制药的原料是人心人眼一类的物事。总之，旧日中国人太不了解西人西医西药，所以无论西人西医的言行良不良和能不能顾到中国人的好恶，也无论西药发生不发生效力，误解总是难免的。（知识因子外，自然还有政治经济等因子足以使中国人畏疑西人。后面那些因子，我绝不否认。）

三月七日写

——《贡献》二卷4期

1928年4月5日

《中西纪事》及所引《海国图志》

《中西纪事》一书，在杭州旧书肆中可看到四五种版本，此虽细事，足证其传布之广。我为此书跑了好几次之后，才于三月廿二夜买了一部印工最劣而价值最廉的，灯下读之，知为有清华洋关系史料汇编，辑者为当涂夏燮（赚甫），别署“江上蹇叟”（见雪中人跋）。书初成于道光三十年，咸丰九年增辑为十六卷，同治四年之“定本”又增至廿四卷。著者做过两江总督曾的幕府，办过洋务。（同治元年三月十三日沈文肃奏折，内称江西省城天主教堂被人拆毁后，南昌“府县会督原派委员候补知县夏燮等驰往查勘弹压”，即此人。）

卷廿一专记“江楚黜教”事。所叙同治元年江西教案情形，颇有足与沈文肃各奏折参看者。

> 当法人之请领执照也，分遣传教之士游行各省，将至楚，楚南长沙湘潭一带传教之奸民，相与夸耀其事，以为吐气扬眉，复见天日。楚之绅士，闻而恶之，乃撰为公檄，议黜天主教，有畀屋居住者，火之；有容留诡奇者，执之；有习其教者，宗族不齿，子弟永远不准应试。大略谓其借宣讲为名，裸淫妇女；设女婴之会，采取红丸；其他种种奸恶，描写尽致。流传入江，正罗安当持照赴省逗留不去，时值试期将及，江省巨绅，大集于豫章书院。则有告归之翰林院检讨夏廷榘、在籍之甘肃臬司刘于浔等，将楚南公檄，鸠赀付梓，一日夜刷印数万张，遍揭省城内外通衢……
>
> 方教堂事之发也，江省绅士以衅由揭贴公檄……相与汹惧，嗣闻江抚办理此案，不株连地方，不牵涉地方官，乃由检讨夏廷榘呈送骨殖一包、铜管一具、血膏一盒，向江抚面

称：骨殖起自该洋人教堂院中，铜管系取睛所用，血膏系婴儿精髓合成。中丞以其言多不经，亦无根据，发交南昌府县查办。经南新二县按蒸验法检验，该骨数具，并无伤痕，其铜管血膏，似系外洋之物，亦不识其所用……

此二物究是什么，江抚曾“咨照总理衙门，转向驻京法使查诘，咨会来江，以释绅民疑团”。不知总理衙门照办否和法使怎样答复。

以上和以下的谣言都说洋人将婴儿精髓、人骨、人眼、红丸等物，取了去配“药”。但阅者应注意所谓药不一定是治病的东西：他们以为洋人还有壮阳助淫、逗引春心、迷人心志以及炼铅为银的“药”，而后面这些药的配合，尤其缺不得婴儿脑髓、人骨、人眼等物。

按法教之害人，具见于魏默深《海国图志》所载，及黄冈吴德芝所记，具详第二卷中。予阅楚南公檄，谓其收养婴儿为采生折割之用，室女自幼入堂，必过天癸之期始行遣嫁，而红丸被其摄取，炼入丹中，可以恣淫欲、资长生；又言黑夜传教，所投妇女丸药，率皆春方，能令女反求男。故其术久而不泄，间有泄其术者，令妇人带归试之，立验。然皆无左证。若江西绅士送到之铜管血膏，尤涉暧昧。而其揭帖中言毁堂之后带出女婴，皆目瞪口呆，不省人事，皆欲加之罪而文致之，实无稽之妄语耳。吾友孙雪筠，截回会中二十七人，逐名点验。其十岁内外者，尚能述其里居姓氏，且亦无一人诉称教民害己，不愿入会者。此可见矣。惟予初在筷子巷查得女婴十三人，皆自五六岁至十岁上下者……询此等女婴从何而来，则称断乳之后，始送入堂；询以男婴岂无断乳而稍长者，何以堂中不见一人？该教士词穷，捏称赎回，或称送入村塾中读书。皆支吾语也……会中不收男婴而收女婴，又男婴之长成者，不闻置有义学，而女婴之长成者必欲收入会中；且筷子巷收养女婴仅十三人，而查其照管之妇人已有四名，岂老少各半。此中形迹，种种可疑……

卷二从梁章钜《浪迹丛谈》中转引的吴德芝《书天主教事》，已见前文，今不赘。夏氏又引：

魏源《海国图志》"天主堂"条下云：查西洋之天主不可知，若中国之天主教，则其方入教也，有吞受丸药、领银三次之事，有扫除祖先神主之事，其同教有男女共宿一堂之事，其病终有本师来取目睛之事。凡入教者首给银一百三十两为贸易资本，亏折许复领，领至三次则不复给，仍赡之终身。受教者先令吞丸一枚，归则毁祖先神主，一心奉教，至死不移。有泄其术者，服下药，（绍原注：下药，泻药也。）见厕中有物蠕动。洗视之，则女形寸许，眉目如生。诘之本师，曰：此乃天主圣母也。入教久则手抱人心，终身信向，不改教矣。凡入教人，病将死必报其师。师至则妻子皆跽室外，不许入，良久气绝，则教师以白布囊死人之首，不许解视，盖目睛已被取去矣。有伪入教者，欲试其术，乃佯病数日不食。报其师，至，果持小刀近前，将取睛。其人奋起夺击之，乃踉跄遁。闻泰西中国铅百斤可煎纹银八两，其余九十二斤仍可卖还原价，惟其银必以华人睛点之乃可用，而西洋人之睛不济事也。

夏氏录其文已，按曰：

默深所论，与黄冈吴君大略相同。而传受丸药，则传教者得手之初，持以为左券之握，盖药性初发，状类癫狂，因有劈毁祖先神主之事；迨药性既下，则心如魔醉，不但礼拜吃斋，乐于从命，即使裸体受辱，亦所甘心，是则所谓手抱人心，终身不改，必有妖物凭之者矣。又闻传教之士，周历各省，凡深山穷谷，靡所不至，有不信其教者，则于其入堂讲劝之际，暗施此药于茶饵中，不移时而本性潜移，皈依不二矣。至同教男女共宿一堂，何以有黑夜传情之事，则以本师预目其妇人之白皙者，临时投以药饵。受者不悟而吞之，能令其女怀春，雉鸣求牡。盖即世俗春方之品，正所谓鸩以为媒者也……（下又引中国邪教徒饮血水及取脑髓之事以证左道惑人所用之符咒方药必借“人身精气之灵”。）

先有了这一类的无稽之谈，难怪大家对于西洋药物疑不敢用。所以不敢用，其初怕还不是以为西药霸道或西医学只讲形迹而遗了气化，而是以为西药的质料既不纯正，给药者的用心又许不良耳。

——《贡献》二卷6期

1928年4月25日

党报社论

我也不赞成把杭州广济医院交还英国人，但我觉得下面一篇社论中有几句话很古怪。

十七年四月二日杭州《民国日报》社论

广济医院是否应该发还

（陆）翰芹

三十一日南京电："军医监理委员会常务委员宋美龄何香凝牛惠生等，以南京市鼓楼医院杭州广济医院及其他教会医院，当军兴之初，由各市政府收回。此项医院，不涉军事范围，现呈请军事委员会转呈国府，通令概予发还。"记者读了这个电报，觉得很发生问题……

……我们再看看他所办的广济医院，成绩如何？梅藤更原是无业的游民，何尝懂得医理……可怜，杭州的贫民没钱请医生，就跑到广济医院里去诊治，癣疥之疾，就得截足斩手，垂危之疾，率与剖腹验尸。这不是记者故作危言，以动听闻，的确是十年前熟闻习见的事实……

被我加上双圈的前四语，想不到在今日还可以看见。“十年前熟闻习见的事实”一语，尤可玩味。二十年前，三十年前，百年前二百年前“熟闻习见的事实”更加令人痛心呢！你如不信，请再看小品《〈中西纪事〉及所引〈海国图志〉》。

十七年四月十日

——《贡献》二卷六期

1928年4月25日

这可不是“采生折割”

很抱歉，“礼部”文件又来咯！

十七年四月十八日，上海的《新闻》和《时事新》两报载称：新近该埠有一位教员因剖解婴孩的尸体，事破被罚。其始末如下：

在蓬路一千二百十五号门牌飞虹学校为教员之浦东人茅文培，因于三月三一号之间将附近弄内不知何人抛弃于垃圾桶内已死约八个月之婴孩，携归校中，用刀剖腹，将其心肝胃肺取出，置于玻璃瓶中，用药水浸之，陈设室内，以为博览化学品，被汇司捕房华探长陆连奎查悉，于前日协同西探目塔勃耳往该校内将茅拘获，连同玻璃瓶二只，一并带入捕房。昨晨解送临时法院，即据中西探投禀前情，遂将药水所浸死孩之心肝胃肺二玻璃瓶呈察，谓迩来暗杀小孩之案颇多，被告不应将尸孩擅自剖验，不报捕房请究。质之被告茅文培，供称年廿三岁，前在该校为学生，毕业后，现充任教员，以算学卫生等学专科。呈案之物，系是日由校中第五级学生多名在附近垃圾桶内取来婴尸一口，我因欲研究其致死之原，是以用刀剖腹，将心肝胃肺取出，置诸玻璃瓶中，盛以药水，作为研究博览品，并非将生孩置死，求宥。继据该校校长汤天陶投称，被告自去年秋间充当教员，此事我不知悉，因适往乡间有事。而被告往日品行甚好，殊属端庄，我可保其无意外之事等语。又据被告代理蒋保厘律师辩称，被告实不知法律，致有发生研求无益之事，请庭上明鉴，从轻发落。郑文楷推事核供，姑念被告无知，从宽处拘役五十天。蒋律师请求易科罚金照准。瓶中所盛之物，着捕房设法掩埋。

“礼部”特下文件如下：

查心肝肾肺的部位形状分量等等，汉医的经籍本来有若干半揣测之辞，至于西洋的生理解剖医学等书，言之尤为特别详尽。飞虹学校教员茅文培，对旧说必已抱怀疑之心，于新说又素有目验之志；凑巧该校附近之垃圾桶内，有不知“他妈”谁家扔进去的婴尸；学生信仰好先生，肯费事将尸首搬来；教员自谓素愿可偿，就开膛把心肝等割下。这是为知求知，绝非知法犯法。本礼部衙门特宣告茅文培无罪。诉讼费及罚金，应由飞虹校“全体员生”集资代缴。该茅文培，年仅廿三，有志剖视，殊堪嘉尚。上海教育界自应负责，务必使他能享有继续研究之便利。此批。

中华民国十六年四月十九日

——《贡献》二卷9期

1928年5月25日

与爱人共读解剖学？

《解剖学提纲》，汤尔和译，民国十一年八月，自序于北京，十三年商务书馆初版发行。原名“Kurzes Repetitorium der Anatomies”，Gegenbauer，Henle及其他诸家合著。

序文一起头便对于中国人之不先研究形态学而徒知高谈生

态学，大加责备，下续云：

……我看中国的学术界，政治界，甚至于工商各界，都有这种“不揣本而齐末”的趋势。再拿医学来说罢，学医的人不知有几千，专攻解剖学的人，可以说不满一桌，岂不是一个大证据？连颅腔（头盖腔）与枕孔（后头孔）还不能区别的人，也要讲人类学，居然在博物学界露头角，这不是糟蹋人吗？

中国学术界的力量，不必客气，大家都知道。动不动就是一部书，写着某某人编，或者是某某人著，甚至于好意思写着某某先生鉴定——算了罢，懂得外国文的朋友，还不如老老实实，多翻译几种有用的书，省得与“手民”开玩笑，糟蹋雪白的纸张。

书店的货色，销路最旺的，除掉教科书，恐怕是小说。内容固然有关系，白话恐怕也有影响。解剖组织这种东西，本来没有人要看，再加上之乎者也的文章，咭哩咕噜的拉丁名字，闹得人头痛。勉强印出来，徒然叫商务书馆亏本，这又何苦呢？所以我变通办理，学时髦，用白话来译这部书。

我还想译一种Corning氏的局部解剖学，那是世界有名的著作，卷帙很厚……但不知谁人肯做这笔亏本买卖，承受印刷，因此尚不知何年何月何日可以出版，也只有叹一口气罢了。

叹气一事，鄙人恕不奉陪。要理由吗？我有。

Corning氏的书，卷帙尽管厚，但汤先生若有耐心译出，决不至于没人承受印刷，我几乎敢立字为据，保商务书馆就可以为汤先生发行。汤先生的名望，是全国皆知的；商务书馆资本之雄厚，交际之手腕，与挹此注彼之得法（例如一面印《时宪书》《钟馗图》以推广营业，一面印行“闹得人头痛”的专门书以促进文化），也是毫无问题的。去年听徐志摩先生说，商务书馆按月致送陈通伯先生二百元，使他可以安心在日本调查研究。他们对于文学艺术者既如此慷慨，谅不至于亏待汤先生般的科学家。叹气似乎是大可不必的呢。

至于“内容固然有关系，白话恐怕也有影响”一节，我想也未必全对。依我个人的眼光看来，一种书有没有人看，内容实在比文体关系更大。去年我亲眼看见四马路河南路口的几个小书摊上面，有古文的“双梅景庵丛书”抽印本和今文的《性史》一同陈列着，这便是一个好例。以为内容不管是什么，只要用“白话”译或著便可以比“文言”的多博得许多读者，不能不说是错误的观念。汤先生在动笔翻译之前，似应决定要替哪种人翻译：

如果是替专学解剖学的人译一部学术的重要作品，则应知此书的销路不能多过学解剖学者的人数许多倍；如果目的在接引一般的人，则应择一种通俗的著作，出版后方有畅销之望。译的是一种学术性质的作品，即使是用“白话”译，而望其“风行海内，人手一编”，实在是奢望。在中国固然不能够如此，就是在西洋恐怕也不能吧。周作人先生曾劝青年拿一本几何和一本文法，与爱人共读。这或者不算是太干燥的事，但是若劝青年或老年买一部Kurzes Repetitorium der Anatomies与爱人共读，就恐怕说烂了嘴也不能生效。科学知识在中国之所以不能普及，恐怕不全是“之乎者也”“咭哩咕噜”为障，而是因为科学研究者自己不会适应社会，妄想拿他们为本行作的书与《性史》《封神榜》《三国演义》比个高下。科学者如其不愿意“徒然叫商务书馆亏本”，他们也无权利强迫一般人买他们看不懂的书。

然而学术著作的迻译，终究是该鼓励的。国家能起来负责，自然最好，然在其前，则少数有能力的个人，只要少叹气，多努力，必也可以做不少工作，为国家福。你看丁福保先生译述的“医学丛书”，今年一种，明年又一种的连出了多少年，积到后来，连各书的序跋等汇齐了都成为一本几百页的《医学指南》。这是一因为他能“从事于医籍，如蛾逐焰，如蚁附膻，必神昏目倦，嗒然偃寝而后已，而不自知其深嗜之至于斯，为乐之至于斯也”（“新医学丛书”总序）；二因为他“在京师，不愿与功名之士，同其驰骋，宰辅大臣，相见一揖外无他语，每见同乡中有委蛇从俗，纳粟为部郎者，恒嗤鄙之”（吴葆真序“医学丛书”之语）（以上是说他昔年在北京的样子，他回南后必也是同样的高超）；三又因为他“家有薄田”（仿佛丁先生自己曾如是云，其出处，我一时检不出），不必为衣食而分心。

今日他们在纪念陈英士。但是像丁先生这样的一位学者，其人格与功劳岂在个把陈都督之下呢？

我并不过分菲薄前校长前总长汤先生，他近来也很有几部译著出版，我是知道的。

——《贡献》三卷2期

1928年6月15日

心里或心旁的小人儿及入教者之受药

魏源的《海国图志》说过，入天主教者须先吞药丸一枚，此药下肚之后，变为寸许的女形，眉目如生，乃天主圣母也，久则手抱人心，其人自然专诚奉教，至死不疑。我愿凡读魏书者都能够知道，心上或心中会有小人在作怪云云，其实又是我国本有的迷信话。今日请为诸君引一段书以证之。近人王葆心《虞初支志》（序于庚申，西历一九二零）甲编卷一页廿三至廿四云：

见闻随笔，载科尔沁僧忠王，在鹿邑攻破金家楼，获妖妇郜王氏，讯问处死。剖腹之时，刀不能入，胸中若物拒之者，王怒，令涂以秽物，仍坚不受刃，因祭刀钤印刀口，王亲视行刑，划然开解，心包之内，裹一小人，长三寸许，须眉毕具男形，以石灰渗之，凡参谒者皆出以传玩，殆所谓姹女婴儿也，是其内丹已结矣。按：此亦三娘三姑之流，（绍原注：乌三娘及刘三姑事，见此书。）其双修性命，又在诸妇武勇之上，惜乎其与捻匪为缘也。或曰不然，此种当以心理学解之。《情史类编》载至元间，松江李彦直，与女郎张丽容相悦，后为阿参政所得，两人皆死，焚女，女心不灰，足践出一物，俨然彦直也，彦直心中亦有一物相等。又有一商，泊舟，与岸上女相视，月余后商去，女病死，焚其尸，独心不死，如铁，磨之，见中有舟，舟中有人。又一妇好山水，日临玩成心疾，死焚之，惟心不化，坚如石；有波斯胡重价购去，锯成片，中有山水树木如画。观此三事，焉知郜王氏心包中之男形，不与此同类也耶？若云内丹，不应成男形，女子太阴，炼形亦无竟成男形之说，裘氏所云，盖未解此，惟以近世心灵学解之则得矣。近黄天河《金壶逸墨》，袭《情史》商舟与岸女事，缘饰为楚州生与浙贾女子在南濠之事，而《蕉窗雨话》又以松江李彦直误为闽人颜生与张丽容事，而易阿参政鲁台为满洲人官闽将军者，皆小说改头换面互袭之习，为纠正之。

旁书中类似的妄说尚多，要征引是再容易不过的。它们既然完全是无根之谈，所以内丹炼成之解说固然不必，即王葆心所提议的向近世心灵学去求解，也半点用不着。

玉珂说我们在北京时用过的一个女仆，曾入理教，不饮酒，不吸烟；据她说入教者例须受药，服后泻三日，这样不但能将从前所积的烟毒酒毒及种种“不干净”去清，而且包管以后见烟酒自厌。然则天主教徒吞受丸药之说，又是用“中国固有”之俗去揣摩西教者所造的话头了。

十七年六月六日

望远镜撵跑了天上的玉皇大帝

解剖刀送终了体内的姹女婴儿

善哉！善哉！

六月七日

——《贡献》三卷5期

1928年7月15日

宣统三年天津关于治鼠疫的一场笔战

天津读者特别注意！

请帮忙搜集材料！

一位署名“死钟”的读者，于八月九日从天津寄来一函，附有他自“一大堆破旧书报”中检出的三页有光纸残报。我感谢他的好意，并欢迎他“愿充当你的一名小矿工，努力开采，谨此宣誓就职”。

报名《醒华日报》，石印的，每日出两张，总发行所在天津奥界。第九六一号的那一页是宣统三年正月廿九日（西历一九一一年二月二十七日）的，然则九五九和九六二号的各一页，必都是同年正月份的报。三号都登有天津中医和《大公报》（此报尚存在）为难的信件（九五九号的一信系续前一页者）。

如死钟君所言，那次的笔战，我们因材料不完全，“不能窥其全豹”，但一斑两斑还看得出来。

宣统二年十月廿三日，《大公报》登载一篇题为“论某总办阻挠裁并卫生局之谬”的论说，内容不得而知，但其言非中医所喜却是无疑的。宣统三年（和宣统二年？）天津闹“疫”。其年正月十七日《大公报》据张谨的报告登了一条新闻，云“华宅之男仆及元隆号之同事染疫”，为“中医路某”所误而死。一部分中医大怒，十八日便开会商妥上书《大公报》，下署“天津全体中医同人共具”，要求一桩或几桩不知什么事。《大公报》不之允，而且著论痛驳，并云接到若干中医的信，声明当日并未加入。主动的中医自然更怒，又去二函。同时《大公报》方面，收到中医张聪彝的一信，云中医对于治疫是有所能亦有所不能的。于是中医对于《大公报》总理英敛之，其友张谨，及他们的汉奸张聪彝，不胜“生气”之至，遂于正月廿八日早向报馆下了哀迪美顿书，要求于次日各家报纸上证实是谁及如何误人，交出张谨，及宣布来往函件等事；如不照办，则英君与张聪彝应于三十日晚到指定的地点开“文明谈判”；届时如果他们不去呢，对不起，我们的国医将于二月初一实行下面两条办法：

1. 起诉；

2. 医药两界定约，永不看《大公报》，永不在上面登告白。

那次的疫，起自东三省，不久大概天津也发现了少数染疫的人，于是官民中之有识者，正在忙着防疫治疫，“地面‘因而起了’种种风波”（中医语），而中医与《大公报》之笔战仅其中之一耳。天津卫生局似曾聘请中医西医讨论或兼办理（？）防疫治疫等事，而中医独不应聘。又有“开中西医学研究会”之议（不知是否即卫生局的主张），而中医因形势于他们不利，也表示反对。此外则当时必有少数“不通中医学理之维新家”，在那里“妄鼓似是而非之邪说，使社会发生鄙弃中医学之恶影响”。故正月十七日的《大公报》一出，它遂成了中医们众矢之的。

最后还有一件可记的事：《大公报》及其总理英君共同捐资三千金，宣布愿用之为酬，聘请一位好医生到奉天去治疫。有个姓丁名国瑞（号子良）的中医而兼做官者应募，然英君在报上覆函拒绝之，中有“中国不够国格，中医不够医格”之语。丁君当然不服，于正月廿八日又函英君要求面订细章……“共同前往”奉省。张聪彝说中医能治肺百斯度而不能治血凝气绝之心百斯度。丁君对于他也很不满，写信请他的“财安，并请多喝白矾水”。

我处有一本陈（邦贤）著《中国医学史》，翻开一看，“宣统二年十二月，时东三省鼠疫盛行，奉旨令各处严防，毋令传染关内”。后外务部“又遴派天津军医学堂会办伍连德，带同学生多名，广购药物，前往哈地（哈尔滨）举办除秽所，化验所，养病院等事”。据同书页九七，自鼠疫发现后，京津两处的防疫经费约共五六十万。这五六十万元，多少必从西医手中经过，中医见了眼红，意中事也。

我还有一本有趣的书，是数月前从杭州一个旧书铺（小琳琅馆）买到的，书名《鼠瘟宝卷》，中托言天津盐山县韩村的一位老者，于宣统二年十月一日梦见观音大士把他召去，叮嘱他广劝世人蓄猫捕鼠以防疫。后有同年十一月上浣“山左李善保”之跋。此书不久传至南方，我的这一本是宣统三年三月“泉唐信士何炯”的翻印本。这当然也是天津等处民众中的一种防疫宣传。

从这些材料看来，可以知道那次满洲鼠疫将蔓延至关内之时，各种人对于它的态度：（一）清廷为外势所迫，举办防疫（看《中国医学史》）。（二）有识之士，一面赞助关外人扑疫，一面提倡关内人防疫。（三）他们于科学的防疫法之外，不惜利用民间迷信，作了《鼠瘟宝卷》一类的书去宣传灭疫。（四）中医无能为，而他们之中的一部分人又不甘于无能为，于是和“新学家”为难。（五）民间“每谓古无此症，甚有疑为诞妄者”（《中国医学史》页一〇八。又天津中医云，“昔日《大公报》……销至四五千张，今竟一落千丈，销数不过数百张”。苟确，或天津人不表同情于科学防疫之证）。

天津和其他各处各种人对于鼠瘟的态度举动，我愿意多知道些。甚盼我的读者相帮搜辑资料。疑古玄同（钱玄同）先生，答应寄给我的那本《说疫》，或系重要材料之一种，希望他能够早点检出寄到杭州来。

十七年八月廿六午

——《贡献》四卷3期

1928年9月25日

今日提倡“国术”者之自白

十月间得徐调孚先生一书，中有这样的一段话：

你的反对中医，第一万分赞成。但弟尤有进者，觉得现在所谓“国术”，正极流行，这个东西，与“国医”一样，建筑在非科学的玄学的中国特有的“生理学”上的。什么丹田、太极等，还不是和五行等是一只袜统里的吗？很希望你根据了科学，加以驳斥。弟尝与叶兄谈及，彼亦颇愿足下注意及之，或不久也当直接致函足下也。

十一月余在上海时，叶圣陶（绍钧）先生果以此为言。当时我就表示个人对于所谓“国术”未尝留过意，恐一时尚不敢妄加驳斥，但既承他们两位雅属，我以后当注意之，因为“建筑在非科学的玄学的中国特有的生理学上的”任何东西，都非我辈所能容忍也。

提倡国术的衮衮诸公中，有几位是海内驰名的思想落伍者。然而其中还有一位褚民谊先生，而褚先生固俨然科学者医学者也。科学者而提倡国术，当然有一番理由。幸甚幸甚，褚先生已将这番理由慨然宣布了，我是从十一月十七日上海的《新闻报》上面看到的。该报云：

褚民谊对提倡国术之意见

主张科学化团体化

中委褚民谊昨由京来沪。记者谒之于其私邸，叩以中华国术协会近况。褚氏云，该会现已组织就绪，吾等当各本所长，使本会前途尽量发展。惟愚意提倡国术，当以合于体育为目标，而使之科学化团体化。近本此意撰就一文，题为“国术与体育”。记者因向索原稿，兴辞而出。兹录其原文如下：

国术与体育，在从前完全是两事。从前一般练习国术者，以用武为他们惟一的目的，体育两字是不讲的。什么生理与卫生，力学与心理学，这类与国术在在有关系的科学，他们更莫明其妙了。所以练习的结果，是于身体有害。虽能快意于一时，而他们体育上无形的创伤，非常之大。并且知其然，不知其所以然，但知道练习，不加以研究，及至有了一点功夫，就守起秘密来，不肯传授与人。因为守秘密的缘故，好的方法，往往失传，不好的倒遗留下来。所以中国拳术的派别，异常之多，彼此不相联络，甚至互相仇视。因此中国的国术，是无团集力的，是不进步的。试看历史上彪炳的武士，何等众多，现在能有几人？这不是一个明证吗？国术有软工硬工之分。有种硬工，是普通人不宜学的，尤其是身体瘦弱者，勉强练习，于他的身体，非但不能裨益，并且要受创伤。更有故作如猴如虎的姿势，奇奇怪怪的名称，他的目的，在引人惊心动目。实在毫无价值。这种江湖鬻技的国术，可算国术中之最下乘。中国国术有以上种种弊病，我们不必讳言，应当设法去矫正他。但是外国体操，也未必尽善尽美，未尝没有流弊。外国有种体操，近于硬工，练得久了，把肌肉弄得很硬，力量虽大，但身体重笨而不灵活。所以外人近来也有主张整理和改良的。我们更不能以为发展体育，体操是无上的方法，仅能体操，能事就毕。要知道中国有种柔软拳术，乃国术中之上乘。因为这种拳术，无论何人，甚至老弱病夫，皆能练习。这种拳术，能使身体平均发达，现在我们把它科学化了，用科学的方法去研究一下。怎样用科学方法去研究呢？就是要注重力学与心理学，讲究生理与卫生，定出规律和方法，加以理论与说明，使学者先能了解所学的功用和目的，然后按步练习，使得身体平均发达，以稳定自己的重心，能用力，能发劲，能养气。那么这种国术，就是科学化而合于体育的国术了。

我们很热烈地提倡国术目的究竟在哪里？我们既不是像亡清西太后，要用中国的拳术来抵制外国枪炮，也不是因为中国国术好到极点，光是学学，就算完事，更不是以为大家学了国术，中国马上就可强盛。强国的法子，也没有这样子简单。我们提倡国术的目的，是使一般擅长国术者，对国术的精华聚集起来，成为一种有组织有系统有学理有方法的国术，以贡献于世界人群。使得于体育上占一重要之地位，成为一种最完美的体育，以代替体操，而为体育之重心。至于研究的方法，先要从整理着手，将中国各种的武术，无论内外各家，南北各派，集中起来，然后分析各种派别的异同，求出它的来源，定为系统。有了系统，然后采取各派之长，熔冶贯通之。用科学的原理，评定何者为有益于身体，何者为有害于生理，依深浅繁简为次序，以合于体育为指导，使学者有门径可入，有规律共守，成为一种合于体育而纯粹科学化的国术。这种国术，练习起来，当然有益于身体，有利于生理的。我们有了这种国术，不可像前人一样守秘密，要叫它团体化。什么叫团体化？就是要组织团体，把它普及到全国，使得全国民众，都能练习起来，以活动他的筋骨，强健他的体格。筋骨活动，体格强健，则精神活泼，无论劳心劳力，都常常愉快，而不致萎靡。到这时候，可以普及于全世界。就说中国的国术，是人类的福音，也未尝不可。所以我们提倡国术，要叫它科学化团体化，目的就在这里。倘使我们不先从整理着手，仍照老法子做去，还像从前那样子守秘密，徒供少数人研究，那么不独不能发扬国术的精华，恐怕国术渐渐就要失传了。

看了这篇议论，怀疑者应该可以释然了。原来国术中也有于身体有益和于身体有害的两种，然有益的未必能流传久远，而无益的倒许偷生于民间，故必须将种种国术家召集在一处，让他们公开的表演起来，始能着手于矫正、分析、定系统、学术化等事。故提倡国术者，非笼统的提倡一切国术之谓也，整理国术使之成为“有组织有系统有学理有方法”的健身术以救萎靡的中国人并救世界人群之谓也。

我们或者用不着发急，“故作如猴如虎的姿势”，丹田太极等“奇奇怪怪的名称”，是逃不了目光如炬的科学家的斧削的。一种最完美的纯粹科学化的brand new国术在孕育中或生产中了，旁观者且莫大惊小怪，指手画脚的乱批评。

——《贡献》四卷9期

1928年11月25日

《新闻报》“快活林”又载无稽之谈

血晶溶化奇谈

良 玉

前在筵间，晤陈志方君，谈及血晶溶化事，趣而具饶医理，爰记之以实本林。

某姓妇患病累月，腹部隆然。究其原，经闭而小溲不解也。就诸医，佥谓似臌胀而非臌胀，疑莫能决，诸医束手。病者遽逝，临终遗嘱曰：吾死后，须请西医剖解吾体，一视究竟，俾拯后来之同病者。族人遵之。西医剖尸腹，获血晶一，如球状，精莹如宝。然亦不能明其所以，则亦听之，惟将此血晶供诸灵前，用慰幽冥而已。接眚之日，竟为道士觊觎，怀宝而归，令匠人细加琢磨，饰诸道冠。会有请此道士为病者禳灾者，因往，戴其镶宝之冠。方朗诵法号，兴高采烈，不谓一阵药味吹来，血淋淋然直流而下。大惊，去冠视之，则所谓宝者，渐溶化至于无形，尽成鲜红流动之血。主人诘之，以实告。乃究药味，川荔枝占大半。后复请于医，始悉某妇所患者为闭血，不曾下以川荔枝，致枉送一命。惜哉！

右文见十八年一月九日《新闻报》“快活林”，叶德均君寄示。不消说得，这和香港西医发现白芨能补肺是同样不值一笑的欺人之谈。李时珍谓荔枝核“治癞疝气痛妇人血气刺痛”，并云“荔枝入厥阴，行散滞气，其实双结而核肖睾丸，故其治癞疝卵肿，有述类象形之义”（均见《本草纲目》卷三十一荔枝条）。《本草纲目拾遗》卷八则云：“血崩——

同寿录用荔枝壳烧灰存性研末，好酒空心调服，每服二钱，轻者一服即止，至重者三服愈。”又据以上二书，粤、闽、川皆产荔枝。血晶遇川荔之味而溶化云云，说不定前人说部中已有之，如然，甚盼博学老见告。

——《科学月刊》一卷3期

1929年4月10日

冲破旧医药阀的第二道防线

我或许可以这样说吧：在我国的医学革命运动中，我是个非军事学专家的观战记者。而从我这样一个非专家的眼光看来，医学革命的对象物旧医药阀，似乎有两道防线。他们站在第一道防线时，便趾高气扬地说道：“我国医学，历史悠远，其奥妙精微，远非出现未久、泥于形质的西来医学所能及；我国药物，飞潜动植，无所不备，气味功用，讲得分明，苟君臣佐使，配合得法，实远比西来的剽悍金石之药更合吾人体质。”他们守第二道防线时又不同，这时只说汉药是国货，汉医汉药商是国民，故汉药汉医若一旦衰微或废止，社会经济必将蒙绝大的损失。拿这两道防线相比较，第一道只是自大自满并诉诸国人自大自满之心之表示，而第二道防线若分析到最后，将见不过是眼泪鼻涕和血汁流成的一道污河。

这两道防线，也可以喻为两座关：第一座关上面，用蝌蚪文写了栲栳般大的“玄妙关”三个字；第二座关名“经济关”，一名“饭碗关”，这几个字看上去未始不金碧辉煌，然其实只是蘸泪和血写的。这两座关，第一个是看不得，因为它活像害臌胀病者的肚子，看了令人捏一把汗，生怕它再涨下去以致涨破；那后面的一座不但不耐看而且不耐听，因为细听便可以听见许多老少男女在关后哭泣，这凄惨的声音送入了耳鼓，女性的人不由得会一阵心酸。

把守着这两座关或云这两道防线的旧医药阀，自以为可以高枕无忧。第一道防线冲得破吗？然而我还有第二道更不至于被冲破的防线，而且第二道防线一守牢，前面的一条终究必也属于我——他们做的是这种梦。至于一般观战的人呢，他们有的将这两道防线都认为极端稳固，万无一失；有的只见第一道之严整，连第二道防线之存在与必要还不曾觉着；又有一派则以为第一道或者终于不能守，然第二道总没有敌人忍心冲得过吧。所以让我们代他们祈祷，请命，呼号，民生主义，民生主义！

我这个别有用心或别具只眼的观战记者却不然了。我自以为看破两个重要关目：第一，因为近来医药革命军的炮火越来越厉害，头道防线已经动摇，而且因为有这种情形，旧医药阀于拼死维持头道防线之外，已经时常回过来兼守第二道防线。易言之，他们近来应战的方略是同时摆两个阵，一为玄妙五行阵，一为饭碗阵。而第二，这第二道防线——叫它作经济关或饭碗阵亦无不可——照我看来不幸也不是冲不散，轰不倒，破不掉的。医药革命军瞄准了它放几炮吧，行见这第二道防线也终于溃乱了——我是这样希望着。

无论进攻第一或第二道防线，总须医革军与药革军共同下手。然比较起来，似乎医革军对于头道，药革军对于二道，尤应负责。要破头道防线，我们希望医革军的宣传队特别活动，讲明近代世界医学对于人的“身”“心”的构造和行动，常态和变态，以及疾病的起因和后果，征象和类别，乃至预防和治疗，皆比旧医学所知所能者为多。若要破第二道防线，则我们不能不希望药革军的宣传人全体出马，到处活动，巧譬善喻，说古道今，务使社会上一般人都晓得汉药并不是脱离了汉医的抱持就非死不可的可怜婴儿，而全国的智力财力只要用在汉药改良和新药发明上面，便不愁养活不了无数的国民和抵制不住外药的侵入。旧医药阀既摆下了玄妙阵，医革命军便应以科学的玄妙阵破之；他们既又摆下了饭碗阵，药革命军便应以更结实的饭碗阵破之。等到正道的玄妙使左道的玄妙化为灰尘，等到钢铁的饭碗将蛋壳般的饭碗只只打得粉碎，中国医药革命的破坏工作才算完成。

旧医药阀现在已较前更常常摆饭碗阵了，药革军必须用武之时因之也较前更频繁了。健儿速起！你们的炮火之猛厉，交战之勤劳，策略之奇正，以及你们的敌人之始而嬉笑怒骂，有恃无恐，继而外强中干，丑态百露，终而全线溃乱，俯首就擒等实情，我将就我所能看到者，随时记载下来，向一般社会忠实报告，引起他们的兴趣和领会心。偶尔高兴时，我自己也许从战场上拾起一杆用过的枪，几颗遗弃的弹子，对准敌营，嘣嘣几下，害得他们哭不得笑不得，活不得死不得，于是拨转头来骂声把“狐群狗党”“小热昏”杀啊，杀啊，革啊，革啊！

附注一：上文所喻为头道二道防线者，或许不如说是旧医药阀反动部队的左右翼吧。这样当由医药革命军中的军事专家去决定，我不过随便取譬而已。

附注二：上月在自己家里瞥见一本《蚕桑经济讲义》。蚕桑事业之经济方面如其可以特别提出来讲，为什么便不能有个医药经济学呢？而且这医药经济学，在先进国家中或许已有。如果是的，那么上文所谓进攻第二道防线，自然需借重医药经济学——处处以中国情形为中心的医药经济学。

十八年十月四日，杭州

——《科学月刊》一卷10期

1929年11月10日

五、其他

新旧思想家对于“破除迷信运动”的批评

我前后读到新旧两绅士对于“破除迷信运动”的批评。我发现他们相同的程度至可惊异。谁说“新思潮”“旧思想”是截然二物呢？

（甲）《宗教与革命》→白话，新标点→撰者全增嘏，美国留学生→载于《新月月刊》三卷三期，上海，二十年三月（？），罗隆基编，同期撰者有胡适之先生等，似皆非国民党人。

（乙）《天鹭论》→文言，一句一圈→撰者玄石，大概是个浙江人→载于《太平》杂志一卷三号，上海，十八年十二月，田桐编，同期撰者有杨庶堪等，似皆国民党员。

（甲）购于东安市场一个光怪陆离的新书摊上。

（乙）购于同市场一个也光怪陆离的旧书摊上。

（甲）饱读新书，所以能引英美学者Ames、Nunay Wright、江译《佛教哲学通论》、容著《妙峰山序》中的议论以替自己张目。

（乙）饱读旧籍，所以能引《抱朴子》《涑水见闻录》及其他线装书中的事实以自圆其说。

（甲）不赞成称迷信为迷信："凡属宗教的仪式都是有背景的，都有发生的因缘，不是随便用迷信二字来贬薄它就算完事的。"

（乙）也不赞成："……此宗教之由来，虽文明诸国不废也。乃今之谈者，申人而诎己。于人之迷信，而美之曰信仰。于己之信仰，而诋之曰迷信……抑扬出之，果何意哉，果何意哉。"

（甲）说宗教有社会的功用："原始人民的无论哪种活动都……与宗教有关，而宗教是维持他们团体生活，确定道德标准，提高文化，施行教育，保存社会所公认的价值的惟一工具。"

（乙）也认为如此："以至弱之人类，得维系几亿万年而不绝灭者，无它，居有群，群有常耳。其所以能群能有常者，无它，畏有天阴为之骘耳。盖天骘者无形者也。惟其无形，故有不可名言之妙用。圣人假焉，以济其有形人治之穷。此宗教之由来。”

（甲）文有宗教功用之较具体的说明：“从妙峰山进香人们得到的娱乐和安慰二方面看来，不能全说他们是不对的……娱乐与安慰可以鄙弃吗？……妙峰山的山路，是凭迷信的心理，每年集款修道，不然，官吏不管，居民又没能力管，游人亦不易到了。”（容著《妙峰山序》）

（乙）文也有：“吾考古时螟患亦常见。其治法何尝弱于今，特其时民智固塞，更鲜理解，故其方法，非假天以惕之不可。同一培养益虫也，古人不直曰虾蟆能食害虫，而必曰虾蟆为主田禾之神不可捕食，食之遭殃。”“幽渺不可凭之天命，遂成为一种智愚共守之学说……此皆圣人惩妄戒贪之一术。而其用意实欲平人之不平。不平者，争之原也。人无智愚，不能无幸心。天下之大乱，皆成于一群人之幸心……圣人知幸心之不易抑，欲为息争故，特揭一说以道之。若曰天命不可幸也，以是知假天行道，亦圣人不得已而为之。”

（甲）不赞成前几年消极的“破除迷信运动”：“用强迫的方法，高压的手段打倒迷信：那是无论如何不会收什么效果的。要紧的是先要了解它们，一经了解，不论什么迷信，便不打自倒，不攻自破。”“欲彻底的打倒迷信，必先从文化的环境着手，环境改变，知识变成普遍化，人们的基本需要也有了代替的满足，那末，迷信自然会销声匿迹……所以高呼‘打倒迷信’是肤浅的无意识的举动。”

（乙）也不赞成那个“运动”：“天鹫未破，则民智不开，此一说也。民智未开则天鹫不破，此又一说也。之二说者孰胜？吾以为后说较胜于前说……欲破天鹫之说，当自改造愚民心理始。”“教化一日未遍行，天鹫之说一日不可破……何者？吾人之心，有如滨海之河，新水不生，则卤潮大至矣。苟无教化以生其人之新信仰，而徒以毁偶像废庙祀为事，使人心益无所约束。呜呼，张恶霸为横之气，沮良懦向善之忱，亦乱天下之道也。”

（甲）觉得宗教的外表仪式虽终于要消灭，然宗教的精神非常可取：“什么是宗教的精神，这是言人人殊……宗教的精神所提倡者是同情心，是慈悲心，是容忍的，虚心的态度。宗教教我们破除己见以真理为归；是教我们思想自由，是求真正的思想解放。这正是宗教的伟大处。”

（乙）虽没替宗教分表里，却至少以为“吾国记载，多述鬼怪，其言未可尽信。然以吾平日所躬遇者证之，知前人传说不尽无因”（下举例三种）。“天鹫之说，虽多出附会，然以人生自然律断之，则悖出悖入，势有必至；侮人人侮，理所当然。谓之感应，固无不可也。”

然而仔细想来，这一新一旧两绅士的见解，同中有异。玄公以为一切迷信是圣人创出或至少利用之以约束人心的，故所主可说是“神道设教说”。全公以为迷信是社会用以满足基本需要及保存公认价值的，故所主可说是“社会产生说”。玄公默认而全公则否认毁偶像废庙祀的事能发生破除迷信的效果。复次，玄公以为欲破除迷信只需提倡新“教化”新“信仰”和“改造愚民心理”；全公则于“实施社会教育”之外，并注意到一般“文化环境”的变更。故玄公代表我国的传统见解，他的基本政治主张是“君子治小人”；全公代表美国式近代思想，他的基本政治主张是所谓“全民政治”。玄公的宗教论，承继儒家；全公的则纯粹是美国基督教神学家Ames的那一套。论政治主张，全公较高；论对于宗教的态度或者倒是玄公较为痛快。玄公仿佛说，宗教者一种精神统治的工具也；全公则宁云，宗教者社会团结之一保障也！虽则分析到最后，二者恐毕竟是一物。

二人必都觉得迷信给了愚民种种好处——尤其重要者，给了高等华人种种好处，例如游兴大发约友逛妙峰山时所走的好道路，和愚民“幸心”、不平心的被遏止或减轻。

我前后读到新旧两绅士对于“破除迷信运动”的批评，我发现他们虽然不完全一致，然相同的程度至可惊异。谁说“新思潮”“旧思想”是截然二物呢？

这条小品，等将来我的《礼俗迷信研究讲义》加添“迷信之破除”一章时，可用为材料。先发表出来，是想给做试卷的同学们参考。

1931年6月16日，夜两点半，北平

——1931年6月24日《北大日刊》

这指头的劲儿怕不够呢！

上海白鹅画会转梁孟琳先生：

捧读手教藉知阁下方注意于催眠，灵魂照相，转桌术，梦的感应，千里眼，幻觉，错觉，器物无端在空中游动，精神治疗种种“奇异的现象”，并相信“灵魂与鬼都是没有的事”，而上述现象只是“人类的脑筋所发出的电子波动影响于其他人类的脑筋或甚至无机体的结果”，云可用“实验科学方法来证明”。阁下呼这个研究为“生物电动学”，且以为此学消极能使人“战胜迷信”，积极能“增进人类的幸福”。

所说奇异现象，鄙人亦略有所闻知。然因为传言与记载之不足尽信与作伪欺世者本领之大与数目之多，故颇以为学术界不欲注意之则已，苟欲，当以运用观察力或实验来确定事实为第一步，事实到手，方可构造解释事实的理论。然这不见得是很容易办到的事：奇异现象发生之时或其地未必有受过训练的观察者在，即使有，其发动者又未必愿在一定条件之下受试验观察，且事实既极复杂错综，则究竟应采用鬼魂说、生物电动说、动物磁性说、潜意识说或什么什么说去解释，自非有长期讨论与覆验不能决定。此种观察与理论的工夫，岂普通人所能担当，真能胜任者，惟那般已经够忙的生物学家心理学家耳。

为学术计，我们自然希望中国能有“科学家”步西洋“心灵研究”之后来，研究在本国常常听到的奇异现象，而且若有这样的人，本国各大学和学术机关必不至于不予以或种鼓励，因心也灵也、磁也电也、气也精也神也，凡非物之物、超象之象，皆我国人天然爱好，一见即为之发狂者也。我们未从法术心理、萨满心理与“精神哲学”得到解放故也。此亦一奇异现象，而在这现象消失之前，大学及学术机关或以集中精力于理智的知识之培植，物质的工具之创造与庸德庸能之养成为较健全之政策欤。

阁下虽以为“所谓‘迷信的研究’这个名称是不能成立

的”，个人则因为觉得有所谓迷信研究和这研究有鉴定迷信与解释迷信等工作之故，对于“心灵研究”颇愿予以相称之注意。我和阁下同意，赞成“第一就要揸住问题的重心。将一切构成迷信及引起迷信的根源，做个深刻而彻底的研究”，但同时我又相信这根源是全般知识之贫乏与人类生活之矛盾苦恼，而不单是你所说的那种知识——对于所谓奇异现象的知识——或任何旁的一种知识之缺少。诚然应该“揸住”问题的重心，但是单单用“生物电动学”——假使此学可以成立——一个指头，莫想“揸住”它！

承示阁下个人为学友及行道之法，似颇有趣。“善男信女”，阁下当不愁得不到。我的运命则多分是身败名裂，而且许败在裂在阁下的“善男信女”们手里。

然而天底下的事究竟难说得很，哈哈。

江绍原敬复

1931年6月17日，北京

——1931年6月25日《北大日刊》

月光能力的发现

离现在不久我在小品中说过，研究迷信的人，是不能不时常注意科学界的研究与发现的。有疑吾言者乎，则请看《东方杂志》廿五卷五号中《月光能力的发现》一文。

撰稿者冠丹云：

> 人类从上古以来，早就注意于月球，承认月光具有若干奇异变幻的势力。农人的历书，按照月色盈亏，规定播种时季，而且当时以为露宿月下者，其结果，必不幸至于感受其光而得病，或癫狂，所以“月癫”这句话，自古就流传下来了……英国古历说：“于月升时宰猪，烹其腌肉必当较佳……”亚里士多德早就观察到，而且记录过，说地中海有某种贝类，在一种月象下，长得瘦瘠，而在他种月象下，却甚肥硕。从古至今的渔人，对这事□甚相信……

近世研究科学的人对于上节所说的种种信念，素来抱怀疑的态度。较近则情形改变，专门家根据其新的有趣味的发现，竟明认关于月光势力的旧说，有许多是真的。他们而且为实验的便利起见，“发现许多方法，以产生这种月光的势力”。兹将冠丹君所述此等新的发现，提要叙在下面。

“欧战前三年，德国动物学家Dr. F. Hempelmann因为研究Bay of Naples的昆虫，发现它们谨依着太阴历，凡有一切生殖，和他种与生命有关的时季习惯，无一不依照月色盈亏，规定其时期。”以后三年内，此观察被美国人Dr. Frank T. Lillie和E. T. Just在Massachusetts证实。随后又有许多观察，证明别种海虫，“的确也依照月象，规定它们的生活；大概月光能给与它们几种信号，告诉它们，生命上某种活动的时期已经到了。”

英国动物学家H. Munro Fox 实地试验苏伊士河口边岸的海猬类动物，报告“它们的肥瘠实在因月象的异同而生变化”。

David Macht 和 W. T. Anderson Jr. 两位美国博士，“最近向美国化学会报告，说是据他们的实验结果，可知月光中所含的那种光线，不独能改变药料的性质，连生于野地的药草的性质，也许能改变的。”莫特（其实应译麻哈特）的这些研究，无须用真月光，而只要用一种“人造月光”——即物理学家所验知的“归极光”（Polarized Light）。“在同根上取下两种Coca草叶（制麻药之原料），一种生于黑暗处，一种受过几点钟月光的曝晒，则黑处的草药，其效力显然大些。”制成的药（Cocaine）如暴露在归极光下，药力亦大减。

不但此也，麻哈特又证明有一种含有酵母并能发生酒精性的发酵之植物，若置于归极光下，便可以促进它的生长。又有某种病原子，在此类光下，生长得很快。

他用有生命的病原子所做的实验，已被旁的科学家替他证实。（1）印度S. S. Batnager和R. B. Lal两博士发现肠热病和其他病症的病原子，在归极光下的生长，比在旁种境界中快些。（2）肉类在归极光中，比在普通光线之下，更容易腐坏——这是 E. G. Bryant的发现。

此外还有Miss Elizabeth Semmens 在 Mc Gill大学做过一个实验，发现“归极光能使初播种的植物，比在其他境界中，生长得更快”。其后她又在利物浦大学发现“归极光能使种子快点发芽”。

如是，农人、渔夫、普通人和古代学者对于月光的一些幻想或意见，被认为有或种根据了；月光于吾人生命健康之利害，现代科学家已能多少有一点正确的知识了。但我仍以为科学的发现有时是打倒怀疑论而拥护成说之一事实，使我们研究“迷信”的人更加谨慎更加警醒则可，若我们因之灰心丧胆，停止工作，则绝对无须乎。

我族古人亦有信贝类的肥瘠与月光有关者。《吕氏春秋》（陈元龙《格致镜原》卷二引，未检原书）云：“月，群阴之本。月望则蚌蛤实，群阴盈；月晦则蚌蛤虚，群阴发。夫月行乎天，而群阴化于渊。”

十七年八月十九日

——《文学周报》八卷11期

1929年3月10日

影

研究魂灵观（animism）的人，不能忽略“影观”。下面可说是我头一次转录的研究影观的资料。

（1）一凡起造，与主人相得者，若行石脚时，不可将石压日色月色，灯光所照，主人身影；又不可撞着主人手脚，如有误不然，定碍主人。（《鲁班先师解怪集》）

（2）道士郭采真言人影数至九。成式（著者名）尝试之，至六七而已，外乱莫能辨。郭言渐益炬则可别，又说九影各有名。影神一名右皇；二名魍魉；三名泄节枢；四名尺凫；五名索关；六名魄奴；七名灶囧（一曰图），旧抄九影名在麻面纸中，向下两字，鱼食不记；八名亥灵胎；九鱼全食不辨。（《酉阳杂俎》卷十一，广知门）宝历（唐敬宗年号，西历八二五至八二六年）中有王山人，取人本命日，五更张灯相人影，知休咎。言人影欲深，深则贵而寿。影不欲照水、照井及浴盆中，古人避影亦为此。古蠼螋、短狐、踏影蛊，皆中人影为害。近有人善炙人影治病者。（见同书同门）

（3）《庄子·齐物篇》："罔两问景。"郭象云："罔两，景外之微阴也。"

（4）妇人妊娠未满三月，著婿衣冠，平旦左绕井三匝，映详影而去，勿反顾，勿令人知见，必生男。（见张华《博物志》杂说篇下。周日用注曰，知女则可依法，或先是男如何。余闻有定法，定母年月日与受胎时日算之，遇奇则为男，遇偶则为女，知为女后，即可依法。）

按：人文学家告诉我们，世界上有些民族，"魂""影"同名；相信多魂说的人种，往往即将影认为魂之一。要我举例并不难，无奈我对于"社会教育"并不想负什么责任。中国人的影观，显然不比旁民族的更高，故影神有"灵胎""魄奴"等名。影之应特别受保护，是不消说的：它既然是你的全魂或魂之一，自然受不起折磨。被践踏，被射中，被压在石下，皆非佳事。反之，它受炙却能已病，因即使它不至于病，然炙它的功效可等于炙肉体。影照水、井、浴盆中，皆为冒险的事：

万一影竟不上来或不出来了，岂非不堪设想。日前我读《墨子》“其亲死……登屋，窥井，挑鼠穴，探涤器”数句时，不懂后三件行动的意义，虽问过旁人，也没得到回答，现在呢，我对于窥井与探涤器完全明白了。想生男的妇人，其行为尤妙：她竟希图为胎儿制造一个男魂。相影也是合理的——假使你承认相骨相面的合理。

（5）附录：妻云闻诸绍兴籍的女仆：

放火烧人房屋者，其影缺头，这是此人不久于人世之兆，盖阴间的判官已将他的头斫去也。然而“五四”同志倪品真的影子必无头矣：据他自己说，赵家楼、曹公馆的被焚，是他首先放的火。列宁及其党人的尊影，不消说也是平项的。呜呼惨矣！

以后还有关于影观的小品——不管有没人要看。

——《语丝》第117期

1927年2月5日

再谈影

绍原先生：

“小品”一项，我被它引起的趣味很不少。因为这些事象，是平常惯见而最易忽略的，虽然有时无意间也引起人的注意去研究，或想到古书中曾有过这样的先例。但这不过是暂起的微波，一瞬间又消灭了。自“小品”诞生后，在《语丝》上公然见到我们所认为值得注意、值得研究而又屡屡忽略过去的事象形诸笔墨间了，我是如何的喜欢！我也记得些这类的故事与传说，常常也想写出来寄给你，供你有价值的研究，总没有闲暇得提笔，这是我“心有余而力不足”的老毛病！

今天偶然翻开《语丝》第一一七期，又见到一则谈“影”的文字。关于“影”的材料，我也有几条，趁这一点钟的闲工夫，写出来寄你。如以为不无意思，请得列入“小品”之末。

（1）“鬼子无影，老阳子亦无影。”此二语所出的书名记不得了（如果必须考出，容后检查再寄），但故事倒还记得：一个八十几岁的老头同他的太太还生了一个儿子，宗族中都有些疑心不是老头的血统，因此就起了讼事。恰遇着个奇怪的审判官（仿佛是邴吉），他说，这不难辨别，“鬼子无影，老阳子亦无影”。曝儿于日中验之，果无影。

（2）吾乡父老们尝说：几多年前——大概是他们及见的时候——有某甲忤逆不孝，常常殴打他的父母。一日，他行到水边，忽然见影里头上插着一面黄色小旗子。他很诧异，用手摸摸头上没有什么东西，问旁人，也不见有什么在他头上。后几天就被雷劈死（这段话很有点像《赵匡胤送妹》戏曲中“因吃水而见龙影”那一段）。

（3）吾乡妇女们不许她们的小孩子——一岁以下的小孩——照镜子，据说照了不会说话，要变成哑巴。（设果有效验，现在的大人先生们，应当赶快的买几千万面镜子，命警察、远处乡村特派专员，沿门挨户的去照那些一岁以下的婴孩。几十年后，岂不就免得“禁谈国事”“箝剥言论”种种的麻烦。）

（4）吾乡风俗，结婚时新娘须佩铜镜。入洞房后，则将铜镜解悬门楣上。据说是邪祟怕照影在铜镜里，有此它就不敢来（这或许是自“秦镜”之说转衍而来）。

（5）吾乡有丧之家，做斋打醮，都兴在米斗的正中央放一面镜子。我虽不懂它的功用，想也是与前项一样用意。但岂不将他们“追荐”的“亡魂”驱跑了？

（6）吾乡传说：疯狗伤人，不必一定要咬着肉体或衣服才能为害，就是它的气呵在人影上，那影的主子也要孕小狗呢——倘若不治的话。

（7）吾乡治“北风疙瘩”（病名，又名“鬼饭疙瘩”。虚弱的人每每被冷风吹着，浑身的皮肤就奇痒难熬，使你抓得双手不停，抓过处随起些黄豆大的颗粒，就是此病。我幼时最易得此病，也最厌嫌它。记得曾有人替我用此法治过，但我有时瞒着大人们不治它，跑向床上拥被大睡，一热也居然好了），将患病者拉到墙下，令其背墙或面墙而立——但须紧贴墙上，两手伸平齐肩，两腿亦须分开。用木炭（粉笔、石灰都可）紧紧的绕着病者的边缘，将它画成一曲线形留在墙上。又拿些大米饭（因为吾乡吃的是大米，想来旁的饭也可用，只要是颗形像病粒的），将病者周身擦过，弃去让狗吃了，然后用一把稻草燃着火烧那墙上像人的曲线形，从头到脚都要烧过，就算手续完全。（这条虽不是关于“影”，但也是影一类的，恐怕就是由“影观”引申出来，也说不定。并且可以作先生所引“炙影治病”一条的旁证，故附及之。）关于“结发”和“竖柱上梁……头发”两项，我也打算供给先生一点材料和意见，俟下回有机会时再写寄上。

上面所说的“吾乡”，是云南宜良县，在大部分的北京人看起来，“万里云南”，简直是蛮子地方，嘻！“夏虫不可以语冰”，可惜“老死不出门槛”的北京人，不肯“辱于敝邑”走走！

顺颂

撰祺！

李荆石，1927年，2月25日大风中

荆石先生：

尊信早已收到。今夜在广州国立中山大学偶读唐人张鹜的《朝野佥载》，得见下条：

> 柳州，古桂阳郡也，有曹泰，年八十五，偶少妻，生子，名曰曾，日中无影焉，年七十方卒。亲见其孙子具说，道士曹体一，即其从孙侄，云的不虚。故知邴吉验影不虚也。

老阳子无影说之存在，可算是无疑了。鬼子无影云云，我记得也听人说过，而且鬼自身仿佛也被信为无影。

关于结发和匠人用发事，切盼赐教，函寄北京、广东均可。

绍原谨复　4月7日

——《语丝》第130期

1927年5月7日

影画像

一个人的影是受不起损伤的：影受了侵犯，和肉体受了侵犯，其为不幸，几乎相等。蜮（又称短狐）射影之说，是我们所熟知的。昨见清海昌陈其元的《庸闲斋笔记》卷十一“神咒治病”条云：

> 祝由一科，起于黄帝，禁咒治病，伊古有之，其词甚俚，其效甚速，不可解也。今择余所知而验者录之……治蛇缠咒云：“天蛇蛇，地蛇蛇，螣青地扁乌稍蛇，三十六蛇，七十二蛇，蛇出蛇进，太上老君急急如律令敕！”凡人影为蛇所啄腰生赤瘰，痛痒延至心则不可救，名“蛇缠”，又名“缠身龙”。治法：以右手持稻干一枝，其长与腰围同，向患处一气念咒七遍，即挥臂置稻干门槛上，刀断为七，焚之，其患立愈。蠼螋溺射人影，令人生疮如热痱。治法：画地作蠼螋形，取腹中泥，以唾和，涂三次，即愈；或夜以灯照生疮处之影于壁，百沸汤浇影上，神效。

像被人照了去，固然是大不幸，但是若被人画了去而且画得非常逼真呢，当然也不是好事。同治元年（西历一八六二）间有一个吴编修，就因为善于画像，被湖南人误认为天主教徒，几乎送了性命，事见《中西纪事》卷廿一：

> 江西拆毁教堂，在元年二月间，而楚中湘潭之役，亦以是时。逾月，有江西南丰编修吴嘉善者，自楚中踉跄归，过省中，馆于夏检讨之宅。时检讨竹林方以江事为忧，闻编修自楚归，询以楚事。自言其侨寓在楚，适教堂狱起，波及从教数十家。该编修因习西洋绘事，传其照镜点水之术，嬉戏以为常。一日，突遇数百人，仡然而入，谓其为天主教徒，将执之。某欲辩不及，毁垣而逃，则寓中已劫掳一空矣。检讨之侄某大令走告予。予曰，今士大夫之从天主教者岂少哉，盖某编修之托词也。大令曰，请试之。乃倩编修传其绘法。一日间传写数像，须眉毕肖。始信其言之不诬。

——《新女性》三卷5期

1928年5月1日

又谈影

（1）鬼既无影，他所用的东西，不论是什么，也不能有影，故《酉阳杂俎续集》卷二：

元和中有淮西道将军使于汴州，止驿。夜久眠将熟，忽觉一物压己。军将素健，惊起与之角力，其物遂退，因夺手中革囊。鬼暗中哀祈甚苦。军将谓曰，汝语我物名，我当相还。良久曰，此搐气袋耳。乃举瓮击之，语遂绝。其囊可盛数升，无缝，色如藕丝，携于日中无影。（参看同卷“元和中光宅坊百姓……”条）

（2）人的影若比平时少了无论哪一部分，乃是这一部分将不保之预兆。且看《宋书》卷三一《五行志》：

（甲）晋元帝永昌元年，甘卓将袭王敦，既而中止。及还家，多变怪，照镜不见其头。——此金失其性而为妖也。——寻为敦所袭，遂夷灭。

（乙）晋安帝义熙初，东阳太守殷仲文，照镜不见其头，寻亦诛翦。占与甘同。

人影缺首，镜本不必负责；只缘修史者强要把一切灾祥分纳于“五行”中，故有“金失其性而为妖”之语。

（3）日前闻容溥兄言，“高脚虫”啮头影，其人患头痛。常州俗云。

——《新女性》三卷5期

1928年5月1日

Gonià“牛头的人”，杭州的“河水鬼”

顷为吾妻转述J. C. Lawson在希腊Santorini岛Gonià地方采来的一个故事。她听完后，接着就讲杭州人“河水鬼”的传说为酬。兹并录于下：

（1）Bodokephalas（牛头的人）

昔者有一位公主和一个乡间的穷女相约，假使将来她们出嫁之后，第一胎是一男一女，她们就结为儿女亲家。再巧没有：后来她们是同日于归的。二女久不生产，各祷于“至圣女”（Panagia即圣母玛利亚）：公主求一个孩子，哪怕是女孩子；乡下的大娘求子，哪怕他只一半像人。她们的祈祷生了效：穷女人养了一个牛头的男孩，公主的洪福也不浅，生了一个美貌的姑娘。两个孩子都长大成人了。一天穷女人去见公主（这时公主已经做了王后）要求履行从前的约。王后就商于国王，王以求婚人相貌丑恶为理由，持反对之议；结果御定叫求婚人先去做几件奇事，证实他配做驸马。第一件：用珍珠造一座宫殿。第二件：把本岛最高的中山上面种满树木。第三件：岛上所有的路，两边都栽上花。每一件事，限一夜做成。工作虽艰，能力足以应付；牛头人居然都照样做成了，于是骑着白马，亲迎去也。国王交工时，满以为能够把求婚人难倒，孰知事与愿违，当时翻脸不认账。那人懊丧之余退出王宫，而且失踪了。年轻的公主因为向她求婚的人受了委屈，心里很不舒服。她一天比一天的忧闷，但是最后忽然想到了一个开心之计，她同父王商量，可否搬出内廷去开一个客寓，目的不在赚钱，只在听听客人们讲故事打诨，可以借此取乐。父王答应了，客寓也开起来了。

有一天岛上一个男孩子钓鱼，失手将钓竿掉在河里。他泅下去找时，见河底有一行台阶。往下走四十级，再进去是一间大屋，有牛头人坐在里面，谈话中告诉来人他正等着一位至今没到的公主。后来这男孩安然出来，回家时路上必须经过那个客寓。他进去了，公主吩咐他也说点逗笑的事给她听。他回答说，故事倒没有，不过可以把他刚刚冒过的险对她从头到尾讲一遍。讲的中间，公主了悟这男孩子所谓“水精”，不是她的求婚者是谁！她立刻叫男童带路到了那地点，果然找着牛头人嫁了他。自此以后，她永远在河底他那座宫殿里面，快快活活的过日子……“但是我们世上的人，自然要快活的多。”（希腊的神仙故事，结尾常有这么一句。）

（2）Wu-suay-guay（河水鬼）

淹死的人的鬼魂，每天必须摸三斗三升螺蛳去献给河王，所缴不敷，受罚很重。鬼魂不堪其苦，时时要找替身。如见儿童嬉于水边，则幻一木碗飘在河上以引诱他。他若伸手去拿，失足落水，必无生理。又所幻之物，视人而异；自荷叶至衣服，不一而足云。落水的人觉得腿重，由于河水鬼往下拖他。捞上来之后他不是七窍里都有泥吗，那又是河水鬼塞的，图他快死。

——《语丝》第100期

1926年10月9日

“再生”——“覆诞”

下面是《辽史·礼志》里所叙述的“再生礼仪”：

> 凡十有二岁，皇帝本命前一年季冬之月，择吉日。前期，禁门北除地置再生室、母后室、先帝神主舆。在再生室东南，倒置三岐木。其日，以童子及产医妪置室中。一妇人执酒，一叟持矢箙，立于室外。有司请神主降舆，致奠。奠讫，皇帝出寝殿，诣再生室。群臣奉迎，再拜。皇帝入室，释服、跣。以童子从，三过岐木之下。每过，产医妪致词，拂拭帝躬。童子过岐木七，皇帝卧木侧，叟击箙曰：“生男矣。”太巫蒙皇帝首，兴，群臣称贺，再拜。产医妪受酒于执酒妇以进，太巫奉襁褓、彩结等物赞祝之。预选七叟，各立御名系于彩，皆跪进。皇帝选嘉名受之，赐物。再拜，退。群臣皆进襁褓、彩结等物。皇帝拜先帝诸御容，遂宴群臣。

纂辑《续文献通考》的人们注曰：

辽俗每十二年一行始生之礼，惟帝与太后、太子及额尔奇木得行之，名曰再生，又名覆诞。盖以岁一周星因天道更新之象，而预祓除之，亦袪禳颂祷之义也，史称“始以三过岐木俾念母氏劬劳，终拜先帝御容，勖以敬承宗庙，为苏尔威汗之善于垂训”。顾名思义，或亦有取欤。

讨论：再生礼的意义，我看是很明显的。在辽人心目中，每十二年必为一个Cycle无疑。其时是各种新物出生之良机，但旧物则有衰亡凋谢之可能，但它们如能不死，则至少尚有续活十二年的希望。因此，人每次将满十二岁之时，必须特别设法保护之，使他逃过这一个关口；而再生礼实在就是一个帮他过关的法门。行了此礼者又成为一个初生的婴孩，所以必定还能活十二岁。

再生礼想必是真正的生礼之重演。只可惜我不知道辽人的生礼，不能拿来和再生礼做比较。圣宗统和四年，皇太后两次为帝行再生礼，其仪节我又不知道，否则大可用之与《礼志》所载的礼做比较。因《礼志》所云是以子为主体而母并不在场。我疑《礼志》里皇帝跣足三过岐木是在那里扮演母。换言之，我疑心皇帝所演的各节，若由皇太后亲行再生礼时，似应归皇太后扮演，而其时皇帝自已则扮演童子。但我也许完全猜错了。

岐木是象征什么的？我初以为是象征母的，但细想才知道说不通。若是象征母，何必倒植三木之多呢？二月二十四夜我读霍布金斯教授的《宗教之起源及演进》第二章，见页二十五说起希腊和印度的女神和妇人们生产之时，身体依靠着树；又说现在印度的孕妇，要拜一棵Shami树，其仪节似甚简单，仅供献并燃灯，又令她绕树走四遍。云树中寓有火神之“灵”Shakti，旧译“力”，俗传行此礼则胎儿可得到佑护和暖气。这些习俗，霍布金斯皆认为相信树善于繁殖故能催生之表示。未知辽人中亦有此种信念否。

选名一节，亦甚重要。假使在再生礼中是由七叟各立一名然后由皇帝亲选，恐他的旧名也是经过相类似的手续才得来的。新名是否用？如用，是与旧名合用或是代替旧名？这两点我还是不知道，但我以为是很值得知道的。

读《大戴礼·保傅篇》者，若能参看这里所说的再生礼，未始不好。

我需要许多洋书、线装书而得不到，痛苦之至。

——《语丝》第125期

1927年4月1日

偶像中放进活蛇生鸦

约一年前，刘道玄先生来书，告以山东曹县的一个民间传说：那里新盖了一座“奶奶（女神也）庙”，其中所供的奶奶的偶像，当然也是新造的，匠人恶作剧，放了一个小磁瓶在偶像的大腿里面，这件东西想必把奶奶害得肉痒非凡，所以只得天天在黄昏时跑出庙来，找男子们野和。

这种用法术物控制偶像的行动，我对之颇感兴趣。

顷见宋人储泳的《祛疑说》（《学津讨原》第十三集）有个“神像所以灵”条，文云：

> 设土木像，敬而事之，显其灵感，此非土木之灵，乃人心之灵耳。夫坛场社庙，或兴或废，有灵有不灵者，系人心之归与不归，风水之聚与不聚……愚人不知此理，欲助其灵，乃取活蛇、生鸦，或缚猕猴，藏于上（土字之讹）木偶之胸腹，此非助灵之道，实助其妖孽耳。知者不可以不戒。

用小磁瓶者，目的在捣乱；用活蛇生鸦等者，目的在助灵。旨趣既有善恶之别，我们可称后者为“白法术”，前者为“黑法术”。伫候同志将各地民间的这宗举动通信见告。

——《新女性》三卷3期

1928年3月1日

叫“活灵”“招魂”

绍原先生：

在我的家乡——在镇海和慈溪的交界——有呼活灵（呼读如欧。活灵大概是魂灵的转音）这么一回事，或许亦是你家的小品的材料，现在写在下面：

1. 呼活灵的原因：活灵似乎常常是为小孩呼的，因小孩是比较的容易受惊。一受惊小活灵就要吓出，要活灵转来就不能不呼活灵了。这是原因。

2. 呼法的种类：呼法甚多，不过都离不了呼名和祈祷。就我所晓得的有下面几种：

A. 最简单的，像在小孩受惊的时候，就地就用煤头纸（就是吃水烟用的引火纸）着了火，从小孩的脚照到头上，如是下上数次，同时这样说：“某某勿吃吓（吓读如鳌）。某某勿吃吓。”等到煤头纸烧完，再撮些烧下的灰塞在小孩的耳内（大概以为活灵是从耳而入的），说：“某某活灵走进了！”于是拍拍小孩的背完结。亦有叫小孩就地出了一泡小便的，这恐怕是从卫生的动机变成迷信的仪式的罢？你老以为对否？

B. 还有所谓“出锡惊”（锡读如腊）：是用一块锡先在灶君菩萨面上放了一息，似乎还要祈祷几句，然后复烊成流质，用迅速的手法注入盛水的酒壶里，那酒壶的嘴里还要插一炷香。当锡块取出来时，已经变成一条长条形的头光圆而大、身粗糙多小孔的像一个立着的和尚了。从头的光圆的大小推想活灵吓出的程度；从大身的形状推想活灵吓出时本人的情形是怎样。最后把酒壶——香仍旧插着，我永不会忘记香、酒和水混和出的气味——放在本人的床前，倘然本人已经卧床的话。再把那锡块在本人头上旋转几圈，说：“狗惊猫惊，某某活灵走进。”（这大概有些移病的意味了。）

C. 有的用一满升米上面放七个钱——现在亦有用铜元的——再用一块布紧紧地缚了起来，和一杆秤、一面镜子一起放在本人的床前；到次晨看钱的陷入的深浅证明本人活灵吓出的程度。这种方法大概还要几句祈祷的话头向灶君说，不过已不大清楚了。此项方法并不呼名，现在连类及之，想先生多多益善不以为嫌的罢。

D. 大套魔术的：一个人拿一柄伞——撑开了的——和一件本人穿的衣裳，一灶香；另一个拿了扫帚和畚箕。两人到本人所属的庙——或者并不一定要所属的亦未可知，或者就是祠堂亦可以，不能决定了——前者呼："某某汗，来！"（汗是拖音）后者应："来电！"（即来了）后者并且连连用扫帚扫些……（并不能说在扫什么东西，一定要说呢，大概在扫活灵罢）进去。上面的仪式是我在某一个庙里看见的。回到家里怎样我不知道。这里有二点可注意：一、活灵被吓出后是到庙里去的。二、活灵可以扫。

E. 有一种是：一个人跳到屋顶朝烟囱叫："某某汗，来！"下面一个人应："来电！"在灶下亦放一件本人穿的衣裳。如是一叫一应，慢慢拿了衣服到本人那里，把衣裳盖在他的身上。这常常是夜里举行，呼声凄厉，幼时顶怕听这个叫声。

F. 有两种不大内行：（一）在空碗上覆一张纸——外国纸用不着——绷得紧紧的，蘸些水上去。蘸得多了，纸下面聚了一滴水，从上面看去是亮亮的并且会动，这就是活灵。在蘸水时候亦有祈祷和呼名的。（二）当饭才煮熟，把镬盖拿来，在本人头上旋转，一边自然还在呼名字和祈祷。镬盖一定要从饭镬直接拿来，在旁的地方放过之后可就不行了。这叫做出饭镬盖惊。

G. 还有两种是听人说的，亦很简单：（一）用一柄尺在铜镜子上敲，一边叫名字。（二）用三炷香插在一把倒放的扫帚上就完事。不过大概亦要祈祷的，因为扫帚上据说是有扫帚公公的——类乎土地菩萨的一种神道。

除此之外，还有关于呼鬼的亦写出来罢：

1. 招魂时亲人的呼。我的母亲是死在汉口，后来我们在家里最近的河埠头招魂。我们跪在埠头上，一个老佣妇对我们说：你们叫母亲叫得响呀！大概叫叫，母亲的灵魂才会来。

2. 后来我们把母亲的柩运到汶溪去做坟，到汶溪是坐船去的。每过一条桥终要敲几声锣，哭叫几声。在笔记小说里亦常常见到带鬼过一桥定要叫几声，否则桥神就要扣留。我究是男子，所以免了哭叫的责任。姊妹们可哭得声嘶力尽，虽然还是分工合作的；因为故乡的桥是出名的多。

儿子生不出，亦有叫父亲的名字的。我的一个嫂子生儿子，久久不下，就由稳婆拿了一把扫帚大呼家兄的名字作催生的手段。而我想扫帚亦是一件可注意的东西。

一个爱看小品的人，
十七，二，二八，在汉口

[illegible]先生：

我要代表小品的读者谢谢你那封长信。

先生所告诉我们的事实，都是很重要，很值得知道值得端详的。今夜我想试试看将它们讨论一下。但须请你先看清朝名医徐灵胎的一段医案，本日下午我冒雨往图书馆抄来的。

游魂

郡中蒋氏子，患时症，身热不凉，神昏谵语，脉无论次。余诊之曰：此游魂症也，虽服药，必招其魂。因访招魂之法，有邻翁谓曰：我闻虔祷灶神则能自言。父如其言，病者果言曰：“我因看戏，小台倒，几被压受惊，又往城隍庙中散步，魂落庙中，当以肩舆抬我归。”如言往招，明日延余再诊，病者又言：“我魂方至房门，为父亲冲散；今早魂卧被上，又为母亲叠被掉落，今不知所向矣！”咆哮不已。余慰之曰：“无忧，我今还汝。”因用安神镇魂之药，加猪心尖，辰砂，绛帛包裹，悬药罐中煎服，戒曰，服药得寝，勿惊醒之，熟寐即神合。果一剂而安，调理而愈，问之俱不知也。（见《啸园丛书》本“洄溪医案”页十二）

名医尚且信招魂，以为否则虽服药也不济事，那么一般人之将此举认为必要，不是毫不可怪吗？

叫魂时手里拿着失魂者平常穿的衣服，一定是想先将魂灵引到衣服上，然后将衣服覆在失魂者的身上，以便魂灵入窍（不但今人替小孩叫魂时手执其衣，古人的“复”礼亦然）。扫地的用意，我想也诚如先生所云，是要将魂灵扫回来。魂刚刚回来时，却未必即能入窍，而是在衣服或被褥上徘徊的，故徐灵胎警告我们过，叠被若用力稍猛，竟可以把魂抖掉！魂既然可以抖掉，为什么不可以扫回？

魂是从身体的哪一处走出的呢？口鼻耳等窍之外，天灵盖必也是出路之一。故贵处人叫魂时拿锡块在受惊者的“头上旋转几圈”，或将热锅盖拿来，“在本人头上旋转”。

又魂出了肉体之后，是从哪里到外面去呢？凡孔穴，如门户、烟囱皆是。故贵处人叫魂有时“跑到屋顶朝烟囱叫”。

把魂灵招回之法，呼名之外，还有旁的：一、做出一种行动，能直接将魂灵引回者；二、做出一种象征的行动，能间接将魂灵引回者。先生所说的扫地和徐灵胎所记的用肩舆抬，可说是属于第一种的。将水滴在一层纸上使之渗入碗中，如其我解释的不错，必是第二种行动的一个好例。魂灵也是一种水，（故杭州人有“魂灵水儿”之成语，受惊时，常说“啊呀！我的魂灵水儿都吓出了！”）所以只要你让水透过了纸，滴到碗中，小儿（或成人）的魂也就回了他的身体。这种举动，我们在小品中以“法术”称之。

灌锡似乎也是这种法术：当锡灌入了酒壶，魂灵就入了受惊者的身体。至于用锡团的形来“占”（Divine）受惊的情状，不过是趁方便而已。易言之：灌锡本不是为占卜而有的，而是催魂入窍的一种手术；但在这种手术立定之后，众人又用以占卜。本意不在占卜的行动，时常获得占卜的副作用；关于此点，我能举出若干条实例，只可惜这里不是最适宜的说话之地。

但是我并不否认，有些行动，专以查验受惊的起因（与程度？）为目的。安庆俗：欲知小儿受惊之原因，即用三根筷子竖在一碗冷水中，随竖随念：“是狗吓的吧？是猫吓的吧？是鬼吓了吧？……”直到筷子立着为止，末句话所问就是小儿受惊的真原因。这种举动自然极其重要：必须先晓得受惊的起因，才能决定收惊的方法。

倒置扫帚，据我看是一种厌法。虽有“扫帚公公”之说，然所厌者似不是他而是小儿的灵魂。厌逃人法，常将或种物倒置（实例一时举不出）；故为小儿追魂，最好也将某物倒放。（方才吾妻又告诉我一个厌客人久坐不去法：将扫帚倒放在门后，勿令四眼人见。这个俗信，颇能证成上说。）

敲镜呼名，不知是否要把魂灵从镜中招回。影与灵魂之关系，小品中已屡次讨论，今不赘。（小孩睡着了，大人必将房中所有的镜全遮上或放倒才肯出去。）

先生所说“本人所属的庙”，不知作何解，盼赐教。为死人招魂也有到土地祠去叫的。

呼父名催生之法，亦极有趣。关系催生的迷信言行，我近来找到了一些，希望将来能向先生和其他读者做一个总报告。

江绍原谨复，十七年三月七日写完

——《新女性》三卷4期

1928年4月1日

鸨母、洋财神及其他

江处长：

现在什么都该革命，因此往来公文也少不了要改良改良了，这回恕不称大人老爷了。小品处搬家至今才知道，具见并不曾无产阶级化了。小品栏中也不曾谈什么立场，可见其为不甚革命之至。春假中舒服，便也来加入几件，有用与否，任凭处长之断，本区长不敢执拗焉。

（X）江处长要征求叫魂的情形吗？本区长常常听过，而且是革命策源地的。巧得很，前两天晚上还敬聆过。这叫唤只限于广东广州一带。叫唤的时候分两种；黑夜十一二点钟时，或黄昏，或夜间随时均可，总以发现需要得着的时候为度。大多以黄昏时候为有效的。两种，本区长都领教过。黄昏时叫也还不甚惹人注意，半夜里一阵阵地叫出来，简直有点像北京的寒夜里卖汤圆声之可怜又可恨。叫的人大多是老妈子，或母亲们，声音比平常谈话较高，却也不十分高，译音如下：

番黎哀开……番黎哀……某某番黎哀……三魂七魄番黎哀……

又别教一个人在屋子里答道：番黎咯……

“番黎”即返来之意，而“哀开”不过是尾音。“咯”是表示“番黎”之Past tease者也。叫唤次数没有定，以叫到病者有相当的反应为度（些微也可以）。然而在黄昏时候所叫的大约有一定，却不曾留意到。叫时如果是小资产阶级自己有房子的，当然在大门口。住楼下的向前门或后门，住楼上或亭子间的走到晒台去，总之大约是到徜堂去为妙。唤者多拿病人的衣服或简直把有病的小孩抱在手里也有的。

在广州一带还有一种方法，就是在屋内烧些纸钱，把认为受惊或有病的小孩抱着，离火焰二三尺高，团团转地烘几次，口里连说些却病的吉祥语如“燂（烘也）猪仔，燂大个（即长大）”等，大约也是这一类事实的兄弟了。

还有一件是广州鸨母们的特长，当妓女逃走了时，她们有“勾生魂”的本领。这就是扎一个草人，以沙锅（广州人名曰沙煲）为头，外穿该逃妓之衣服等物，再书该妓之八字——生时的年月日时，和着纸帛焚烧时以刀砍之，念念有词，也不过是说什么三魂七魄的意思。据她们说这是很有效力的咒死人法。详细手续恕本区长不曾认识她们，无从探听了。

又鸨母们多于黄昏时在门口焚化冥镪，运动小鬼们去勾客人来嫖，口中所念的是什么“成家子弟，远去他方，散家子弟，常困船舱”（注一）[1]等话，这是鬼界运动了。阴阳也同一理，拉皮条的遗传性，不，传染性，毕竟凶啊！

（Y）讲到画符念咒治病和治诸鲠的方法，敝革命省不大用得着的，虽则容或有之，然而“路傍一池水，水里一条龙”等手续总还算麻烦了。我们广州人逢被哽于鱼骨，即由旁人不动声色立以筷子敲饭碗，口中像叫猫儿吃饭般道：“猫……

---

① （注一）船舱为妓窝之别名，因广州妓往日均以船为生，又以船上者为多，近来当然不同了。

猫……鱼骨落。”拿碗朝被哽者的头上过去，便可以灵逾济颠的唵叭呢吽了。多简直。本区长闻之，骨之成分有石灰和胶二种，故遇酸类即化为胶质，遇火热则化为石灰，准此，则连饭碗也不敲，光吃硫酸或盐酸也可以化骨了啊。是否有当，伏维尊决。倘教本区长自己实验，暂时不敢了，哈哈。

至于手指“捏结”，广州人名曰Ling，怎样写法，恕本区长非仓圣再生，不敢造字革命。捏结时大多以手指向目的物画空圈儿就是了。女人咒人的手术除了啐之外，还有这一种以手指捏圆结的Ling。

（Z）原始人类的思想和风俗还似乎盘固得很牢固地在咱们贵国的乡村里，不但是三民主义，我曾在敝乡——前年的事——听见了农夫们长叹着死后将无棺木给他困了，因为共产了，所以他们极力反对农会，那还是离广州十余里的一个村落。结果敝乡没有农民协会，万幸之至，一向平安了。这时候谈谈小品的确也是需要。上海杨树浦桥附近还有洋财神，西其装，皮其鞋的菩萨了，有空请来参观一拜，好做一个考证。听说已有了多年，洋鬼子也拜的，居然与观音同庵呢。求什么都行，求病早愈……什么人敢说中国的不是，你看洋人也吃中国药呢。

本区长听敝戚某医生和许多人说过，西医多主霸道，中医主王道，故君臣佐使之药能调理一切，以水煎药可浸渗各部，西医少用水，故多干而暴……

西洋，反应，又混糊起来了。夜了，不多谈。

祝福你。

招勉之

招先生：

来信各条，均于我有用。

广州鸨母厌逃妓、勾顾客二法，尤妙。依我的定义来讲，前一法为“鸨母法术”，后一法为“鸨母宗教”。请先生和读者们注意：这绝不是戏言，我自有我的道理。卖淫业和其他营业职业——正当的和不正当的——完全一样，也有它的特殊迷信。“特殊”不一定是指方术而言，而是指对象而言。因为各种营业或职业之各自的迷信，其方术（亦可云方式）总是那有限的几种，其对象则不能同：例如军旅迷信之对象以关于敌人者为多；田家迷信之对象以关于水旱、农产者为多；士人迷信之对象，以关于功名者为多；鸨母迷信以关于妓女顾客者为多。卖淫业既有其特别目的，故亦有其特别迷信，此业的迷信，值得调查记录研究，实和军旅迷信、士人迷信、官吏迷信、渔家迷信、田家迷信、赌徒迷信、嫖客迷信……一般无二。以上所说，是我久已有的想头，以前虽曾在教室中和大学学生讲过，写在纸上这却是第一遭。

“迷信”包括“法术”“宗教”二者而言。而在卖淫业迷信中，其“宗教的”一部分，我尤其愿意多知道。我们必须将鸨母、妓女、嫖客、赌棍、赌徒、盗贼、乞丐等人的宗教多多地调查记录，才能够使人不至于再相信所谓“宗教”也者，是专与“道德”“真理”“永生”“社会价值”等等为缘的。

鸨母妓女等信仰些什么鬼神？何时和怎样礼拜它们，供养它们？鸨母和妓女，当然不会看我们的小品，应我们的征求。所以关于以上及其他诸点，我只得请求嫖客或接近嫖客的人们赐予我们研究资料。

三月某日上海《新闻报》“快活林”载有一文，云青岛妓女奉武则天娘娘，每月礼拜时，供品中有胭脂和粉。以上各节，不知果为事实否。又我在北京时，一位通信者告诉我一个治花柳病的秘方，其中主要“药物”，是妓女的月经。刻在著作中之《血与天癸：关于它们的迷信言行》一书，可将该信采入。

“上海的洋财神”，鄙人尚无缘参拜。招先生您既然要做区长，就请为我们尽义务仔细调查一下。不必下委任状了吧？关于打花会，买香宾票等求财的迷信，索性也由您和其他在沪同志担任调查。

横竖先生们的所在地上海，处处是肉的气息和金钱的臭味。委托诸位调查淫业迷信和求财迷信，只怕是妥当不过的事。

绍原谨复十七年四月八日于杭州

——《新女性》三卷6期

1928年6月1日

上海妓女龟奴的迷信

绍原先生：

……□州□生，尚在上海冶游未归。前天他回来了一趟，我有意底问他，堂子里供的是什么菩萨。他说他也曾问过妓女，据云叫“老脸菩萨”，每年的七月十五和十月初一，是祭祀的日子，那日照例熟客人都要“做花头”。我本来还想仔细地问几句，可是他忙着回上海去，就趁车走了，所以语焉不详。

今天我大收拾行李之后，从他的书堆里，翻到这样一本书，名叫《絮语》，更有四字曰“嫖界指南”。可惜是下册，所以出版的地方、年月和撰述者的姓名，都无从稽考了。这一本的起首是“第二节上海之公娼”，据此也许上册是述“上海之私娼”罢。本册本节的一项是“长三”，本项的“庚”款讲“迷信”，占原书一百五十七页至一百六十页。知道你需要这些资料，特照书抄录如下：

（庚）迷信：吴人多迷信，吴妓尤甚，几至一举一动，皆含迷信气味。兹择其紧要者，分为妓女方面与游客方面二大别。

（子）妓女方面　除敬神与送小铜钿系例行迷信外，尚有接利市、送埒率、烧晦气、借阴债、还阴债、寄名等名目。分述于下：（一）敬神，朔望为敬神之日，亲往南京路保安司徒庙焚香礼拜。回院后复祀祖先，名曰“烧回头香”。有病或信水至，则倩同院姊妹或侍婢代往。此举颇似北京小班之烧财神香。（二）送小铜钿例于阴历每月十四日（俗称小月底）及月终（俗称大月底）半夜，焚冥锭于门次及床柱四围，以贿野鬼及狂嫖丧身之色鬼，庶弗来捣乱。此事必避游客，然具极高资格，亦可一睹其盛。（三）接利市之举，则因营业冷落，或于调头日，至小东门外俗称“撒尿弄”依壁砌成之“撒尿庙”，秘密祈祷。以往彼处烧香者，皆系雉妓也。是日有客做花头，即引为大利。此外倘受意外亏损，亦事按利市，惟不诣撒尿庙，向本日喜神方焚香烧烛，拜而迎之。（四）送埒率即送鬼，苏人称诸鬼污秽为埒率，如遇不如意事或卧病，哗然议为遇埒率，或埒率为祟，惟惧复祟，不敢明斥为鬼。送法或秘行或明行，惟巫卜之言是从。而以保安司徒庙对门之假瞽吴鉴光为最拿手。常见妓女患病，不事医治，徒知送埒率，每致延误。（五）烧晦气，或焚纸钱，或焚锡箔，以祓除不祥。烧法因事而异：受人侮辱，则焚熏妓女全身，打房间则焚化冥帛于所毁物具间。有黄文兰者，因游客龙某死其怀间，特大烧晦气，且恐阴魂不散，裸卧床上，绕身焚化冥帛，床下复燃放鞭爆千响，余烬垂被上，毁灼大半。亦一趣闻也。（六）借阴债者，误信巫卜瞽说，命中注定，不能发财，欲得盈余，只能借阴债，向鬼移挪，法书请愿书及笔据，详载期限金数，于东岳庙请羽士祷求，目的达否，即由羽士宣布。此举老鸨亦多行之。近知之者渐众，遂鲜借得。（缜按：以下嘲笑中国之借外债，无关紧要，略去。）惟闻斯举，不问借得与否，毕生仅能一度。（七）还阴债即借得阴债后，履行笔据所载条件，毕恭毕敬，不敢误期，或少输利息。收入既极渺茫，反增还债一项支出，自欺欺人，莫此为甚。（八）寄名：妓女因多病或久病不愈，乃将生年月日时，书于红单上，并备香烛纸锭，敬献于素所信仰之神，请为义女。亦有倩庙祝代为祈求者。保安司徒庙中观音大士神龛内，有无数红纸封，即一般寄男假女之庚帖。此外尚有许愿、还愿送更饭等事，系沪上一般迷信家之家常便饭，俱略之不载。惟最近妓女之开通者，对于上述迷信，不少革除，亦可谓妓界之进步。

（丑）游客方面　此项迷信，可别为二：即发动于游客，而为妓女所忌者；与发动于妓女，而为游客所忌者。属于前者，一为空打呵欠，非疲倦思睡而张口大呼吸。二为伸懒腰，于坐时或立时，伸臂挺足以舒畅筋骨。三为抱膝坐。四为立门槛，除出入时可偶一践之，无论何时，不宜立门槛上瞻望或闲谈。五为空猜谜，非饭酒时任意拇战。以上数举，设或犯之，妓女侍婢引为不祥，必立即劝止。属于后者，一为缚恩线——昔日于游客辫线内潜拔一线绕诸己指，复以其梳栉之绾线，借故缚游客指上，庶永久恩爱，实则冀其常迷；剪发后，则于游客衣服上暗抽一线以代之。二为迷汤——设有合意游客，爱之至切，客反漠然视之，落花流水，情何能已，遂不惜牺牲美发，亲炙成灰（或云以秽物），潜置饮料内，庶客昏迷相就。据个中人自云，倘不为第二人所知，灵效无比。三为和合汤——此举等于迷汤，于亲献茶时，潜吐唾沫茶中。此外尚有索取照片以事厌胜，惟居少数。

刚才又把书翻阅一过，发现这书尚不只两册，似有三册或四册。又于“做花头”项下发现“做花头之时机”（九十一页）中，有下列诸点：

……兹述每节必须做之花头日期于下：（一）……（二）……（三）……（四）待仙老爷，即祭祀龟奴祖先之日，或云祀管仲，距进场路头一月以外。（五）……（六）……（七）……（八）打醮，此事惟于七月中行之，有即以代待仙老爷者。此外如开台酒及其他节日（如立夏节，端午节等）皆游客做花头之日，清明、中元、下元三日，俗称鬼节，昔日妓女，亦不要求于是日做花头，今竟不引为忌……

昔日妓院中花头，仅有向路头、清路头与大路头三种。向路头用响器（即乐器），是日妓女不度曲。清路头者，妓女与本家各供香烛，祀神祈福。送神后妓女各取香灰一包，压床脚下，谓可邀神佑。大路头则于六月十一日与十一月十一日两日行之，据云系龟奴首祖之诞日与忌日。上述三事，与今日通行之八种花头大不相同，故知之者甚鲜。

又于二项“幺二”的（辛）迷信中，得下列一事（二百十八页）：

“幺二”妓院之迷信与“长三”无别，惟朔望及烧路头等日，全院妓女齐集一堂，拈香礼拜，形极端重，肃静无声。如于隔晚“跌倒”（按：书百七二解释，“跌倒即住夜”），即可见之。

樊缜上　一七，七，十一

绍原按：里面有关于迷信的记载，像《嫖界指南》这类的书，我倘若看见，总不免掏荷包买了来。然而——书籍的种类繁夥，个人的眼界却有限，尤其致命的，是钱袋里面有时未必有钱。有这些原因在，如承旁人破费他们的功夫把有关的资料抄出来寄给我，如樊先生所为，我是十二分感谢的。

《嫖界指南》所供给我们的消息，容有不实不尽之处，若然，甚愿熟悉嫖界情形的人通信辨正或补充之。“老脸菩萨”，究系何神？“待仙老爷”，是否管仲？“撒尿弄”在何处？“撒尿庙”本名什么？中祀何神？“埒率”二字，正书为何？以上诸点，我恭候知者见教。

《嫖界指南》所记载的妓界迷信，我们读了，必定可以看出其与普通的（妓界以外诸界的）迷信并无根本不同之处。妓女龟奴的目的诚然与旁界中人（男或女）所抱者不尽同，然他们相信宗教的与法术的方术之有效验，则与普通人一般无二。普通社会所用而于他们也一样合用者，他们径用之（例如送埒率、烧晦气、借阴债、寄名、缚恩线等等）；普通社会虽有而于他们不合用者，他们亦可自行设法——例如各种职业都有本业神，木匠奉鲁班，机户奉机神，妓女龟奴当然不能而且不许拜旁业的神，于是武则天、管仲之祀遂起。

发动于妓女而为游客所忌之事项，可惜樊君没抄给我们看。但我相信这也是值得知道的。此外，一般社会对于妓女也有种种迷信的观念。知道的人请多多的告诉我们。

七月卅日写

——《新女性》三卷6期

1928年6月1日

二百多年前粤盗的迷信

社会上的不良分子（赌徒、娼妓、盗贼等）的迷信，余曾在小品中宣布征集。樊缜和周柏堂两先生见之，很指点了我一些材料。我自己浏览书报时，也时时刻刻在留心，因而常看到像下面一类的文字：

> 粤中多盗，其为山盗之渠者曰“都”。“都”者，多资本，有谋力，分物平均，为徒众所悦服……行劫时惟“都”及“公王”所指。“公王”者，范铜为之，戴兜鍪，持戟，长二寸许，使一妖人为“神总”，朝夕虔祝，且咒骂，以激“公王”之怒。昧旦以浓茶为献，视“茶路”以知凶吉。“茶路”者，茶在碗中，其气散为波纹，凝为物象，有兵至，则茶中分裂，珠花沸起；若出劫，掳获众多无患，则茶气为刀枪形外向，否则内向。又以筊杯卜进止。凡盗渠死者，悉召其魂魄至坛，俾公王役使之。“神总”故多妖术，凡大而攻围，小而椎剽，诸盗皆遵行惟谨，每分赃则“神总”坐得其半，盖盗听于“公王”，“公王”又听于“神总”也……大屯小伙，皆有大

猾主之，大猾又以贪官为援。其人耳目甚广，牙爪多，急则行贿赂，缓则舞文，持吏短长，与胥役相为囊橐。又善阴行鸩蛊，稍睚眦不平，辄假手“金蚕”“挑生”毒杀之，或嗾其党与，词连善类，使污蔑无以自明……

上见屈大均所著《广东新语》卷七“人语”部“盗”条，粤雅刊本页二十八至三十。康熙庚辰即西历一七〇〇年吴江潘耒序。

——《新女性》四卷9期

1929年9月1日

关于赌的迷信

下见广东兴宁县蛛窠剑岳先生所著《乡居随笔》（此书专记载本地的习俗迷信，预料出版后可以立刻被许为民俗学界的一部重要著作）：

粤人嗜赌，赌是要赢不要输的，所以凡与“输”俗音相同的，便要改称。邻家有一个妇人，名叫“赢妈”，我幼时以为她是姓赢的，到后来才知道她是姓丘。丘，输，俗同音也。又后来，常遇到生疏的人，问他尊姓，他答姓赢，我心里便知道了，他原来是姓丘的。但是有一次，我几乎笑出来了，一个邻妇，拿着一本罗家历书来叫我查日子。她说："S. 舍！劳你查查通赢，拣个日子。"通赢二字已来得妙，她又微笑着接着赞我一句："像你读新赢本的人，也会查通赢，我真想不到啊！"我当时正在吃饭，几乎饭都喷出来了。

鸡鸭的内脏，俗称为下水，这名称又犯了赌家的忌讳；所以现在大家都随着称它为上水了。任何高级官厅和资本家的食品，都比不上赌馆老板的美好。（一）因为赌总要有赢，食品的价格是不计的。（二）赌家赢得他人的钱，称为"食"，多菜吃，就是"多食"，多食就是赌家的好事了。（他们吃了好菜，一定故意地说，好食啊，好食啊！如果厨子不会弄菜，恐怕店伙要说不好食，那个厨子立即要革退的。）

吴淞中国公学学生樊缜先生于今春集合二三同志办了一个小刊物，名《俗物》。现樊缜先生已从大学卒业，回蜀省母，因之《俗物》只出了三期便停刊。第一期（十八年三月二十三日出版）中有于飞君投寄的一个短篇，题名《赌的迷信》，全文如下：

> 这条迷信，传说是在鲁班书看下来的。好在不一定要什么考证，姑老实地记录如下。至于灵与不灵，介绍人概不负责，这是当预先声明的。
>
> 如果你遇见蛇吞象（蛇吞蛇）的时候，不必惊惶，正该欢喜，等到由尾吞到头之际，迅速地把它砍下，用细绳四围地把这蛇头（注意是两个头）仔细缠紧，暂行保存。
>
> 遇着某处在做斋，那么，机会又来了，你可花一些钱，暗地里交与和尚，请他把这蛇头置入那插香烛的米升内。自然不能给主人知道，弄穿了不是好玩的。一俟七七四十九天的法事做完，再秘密地由和尚取出给你。此后每逢赌的时辰，若把这受过香火的蛇头佩在身边，蛇口向外必胜，反之，向内必败。据说这方法有意外的灵验。

其先樊缜受了我的怂恿，写过一篇两三千字的《赌的迷信》。在这篇文字中，他将所见闻的关于赌博的迷信分类叙出，极其可诵。我看过后，转寄上海徐调孚先生，请他介绍到相当的地方去发表。不幸中途遗失，徐先生始终没收到，我向杭州邮局查问，亦无结果。这都是我寄稿时贪图省钱没挂号之故，曷胜歉然。

——《新女性》四卷9期

1929年9月1日

国家新闻出版广电总局
首届向全国推荐中华优秀传统文化普及图书

大家小书书目

国学救亡讲演录	章太炎 著 蒙 木 编
门外文谈	鲁 迅 著
经典常谈	朱自清 著
语言与文化	罗常培 著
习坎庸言校正	罗 庸 著 杜志勇 校注
鸭池十讲（增订本）	罗 庸 著 杜志勇 编订
古代汉语常识	王 力 著
国学概论新编	谭正璧 编著
文言尺牍入门	谭正璧 著
日用交谊尺牍	谭正璧 著
敦煌学概论	姜亮夫 著
训诂简论	陆宗达 著
金石丛话	施蛰存 著
常识	周有光 著 叶 芳 编
文言津逮	张中行 著
经学常谈	屈守元 著
国学讲演录	程应镠 著
英语学习	李赋宁 著
中国字典史略	刘叶秋 著
语文修养	刘叶秋 著
笔祸史谈丛	黄 裳 著
古典目录学浅说	来新夏 著
闲谈写对联	白化文 著
汉字知识	郭锡良 著
怎样使用标点符号（增订本）	苏培成 著
汉字构型学讲座	王 宁 著

诗境浅说　　俞陛云　著
唐五代词境浅说　　俞陛云　著
北宋词境浅说　　俞陛云　著
南宋词境浅说　　俞陛云　著
人间词话新注　　王国维　著　滕咸惠　校注
苏辛词说　　顾　随　著　陈　均　校
诗论　　朱光潜　著
唐五代两宋词史稿　　郑振铎　著
唐诗杂论　　闻一多　著
诗词格律概要　　王　力　著
唐宋词欣赏　　夏承焘　著
槐屋古诗说　　俞平伯　著
词学十讲　　龙榆生　著
词曲概论　　龙榆生　著
唐宋词格律　　龙榆生　著
楚辞讲录　　姜亮夫　著
读词偶记　　詹安泰　著
中国古典诗歌讲稿　　浦江清　著
浦汉明　彭书麟　整理
唐人绝句启蒙　　李霁野　著
唐宋词启蒙　　李霁野　著
唐诗研究　　胡云翼　著
风诗心赏　　萧涤非　著　萧光乾　萧海川　编
人民诗人杜甫　　萧涤非　著　萧光乾　萧海川　编
唐宋词概说　　吴世昌　著
宋词赏析　　沈祖棻　著
唐人七绝诗浅释　　沈祖棻　著
道教徒的诗人李白及其痛苦　　李长之　著
英美现代诗谈　　王佐良　著　董伯韬　编
闲坐说诗经　　金性尧　著
陶渊明批评　　萧望卿　著

古典诗文述略	吴小如　著
诗的魅力 ——郑敏谈外国诗歌	郑　敏　著
新诗与传统	郑　敏　著
一诗一世界	邵燕祥　著
舒芜说诗	舒　芜　著
名篇词例选说	叶嘉莹　著
汉魏六朝诗简说	王运熙　著　董伯韬　编
唐诗纵横谈	周勋初　著
楚辞讲座	汤炳正　著 汤序波　汤文瑞　整理
好诗不厌百回读	袁行霈　著
山水有清音 ——古代山水田园诗鉴要	葛晓音　著
红楼梦考证	胡　适　著
《水浒传》考证	胡　适　著
《水浒传》与中国社会	萨孟武　著
《西游记》与中国古代政治	萨孟武　著
《红楼梦》与中国旧家庭	萨孟武　著
《金瓶梅》人物	孟　超　著　张光宇　绘
水泊梁山英雄谱	孟　超　著　张光宇　绘
水浒五论	聂绀弩　著
《三国演义》试论	董每戡　著
《红楼梦》的艺术生命	吴组缃　著　刘勇强　编
《红楼梦》探源	吴世昌　著
《西游记》漫话	林　庚　著
史诗《红楼梦》	何其芳　著 王叔晖　图　蒙　木　编
细说红楼	周绍良　著
红楼小讲	周汝昌　著　周伦玲　整理

曹雪芹的故事	周汝昌　著　周伦玲　整理
古典小说漫稿	吴小如　著
三生石上旧精魂 ——中国古代小说与宗教	白化文　著
《金瓶梅》十二讲	宁宗一　著
中国古典小说名作十五讲	宁宗一　著
古体小说论要	程毅中　著
近体小说论要	程毅中　著
《聊斋志异》面面观	马振方　著
《儒林外史》简说	何满子　著

我的杂学	周作人　著　张丽华　编
写作常谈	叶圣陶　著
中国骈文概论	瞿兑之　著
谈修养	朱光潜　著
给青年的十二封信	朱光潜　著
论雅俗共赏	朱自清　著
文学概论讲义	老　舍　著
中国文学史导论	罗　庸　著　杜志勇　辑校
给少男少女	李霁野　著
古典文学略述	王季思　著　王兆凯　编
古典戏曲略说	王季思　著　王兆凯　编
鲁迅批判	李长之　著
唐代进士行卷与文学	程千帆　著
说八股	启　功　张中行　金克木　著
译余偶拾	杨宪益　著
文学漫识	杨宪益　著
三国谈心录	金性尧　著
夜阑话韩柳	金性尧　著
漫谈西方文学	李赋宁　著
历代笔记概述	刘叶秋　著

周作人概观　　舒　芜　著
古代文学入门　　王运熙　著　董伯韬　编
有琴一张　　资中筠　著
中国文化与世界文化　　乐黛云　著
新文学小讲　　严家炎　著
回归，还是出发　　高尔泰　著
文学的阅读　　洪子诚　著
中国文学1949—1989　　洪子诚　著
鲁迅作品细读　　钱理群　著
中国戏曲　　么书仪　著
元曲十题　　么书仪　著
唐宋八大家
——古代散文的典范　　葛晓音　选译

辛亥革命亲历记　　吴玉章　著
中国历史讲话　　熊十力　著
中国史学入门　　顾颉刚　著　何启君　整理
秦汉的方士与儒生　　顾颉刚　著
三国史话　　吕思勉　著
史学要论　　李大钊　著
中国近代史　　蒋廷黻　著
民族与古代中国史　　傅斯年　著
五谷史话　　万国鼎　著　徐定懿　编
民族文话　　郑振铎　著
史料与史学　　翦伯赞　著
秦汉史九讲　　翦伯赞　著
唐代社会概略　　黄现璠　著
清史简述　　郑天挺　著
两汉社会生活概述　　谢国桢　著
中国文化与中国的兵　　雷海宗　著
元史讲座　　韩儒林　著

魏晋南北朝史稿	贺昌群 著
汉唐精神	贺昌群 著
海上丝路与文化交流	常任侠 著
中国史纲	张荫麟 著
两宋史纲	张荫麟 著
北宋政治改革家王安石	邓广铭 著
从紫禁城到故宫 ——营建、艺术、史事	单士元 著
春秋史	童书业 著
明史简述	吴 晗 著
朱元璋传	吴 晗 著
明朝开国史	吴 晗 著
旧史新谈	吴 晗 著 习 之 编
史学遗产六讲	白寿彝 著
先秦思想讲话	杨向奎 著
司马迁之人格与风格	李长之 著
历史人物	郭沫若 著
屈原研究（增订本）	郭沫若 著
考古寻根记	苏秉琦 著
舆地勾稽六十年	谭其骧 著
魏晋南北朝隋唐史	唐长孺 著
秦汉史略	何兹全 著
魏晋南北朝史略	何兹全 著
司马迁	季镇淮 著
唐王朝的崛起与兴盛	汪 篯 著
南北朝史话	程应镠 著
二千年间	胡 绳 著
论三国人物	方诗铭 著
辽代史话	陈 述 著
考古发现与中西文化交流	宿 白 著
清史三百年	戴 逸 著

清史寻踪	戴　逸　著
走出中国近代史	章开沅　著
中国古代政治文明讲略	张传玺　著
艺术、神话与祭祀	张光直　著 刘　静　乌鲁木加甫　译
中国古代衣食住行	许嘉璐　著
辽夏金元小史	邱树森　著
中国古代史学十讲	瞿林东　著
历代官制概述	瞿宣颖　著
宾虹论画	黄宾虹　著
中国绘画史	陈师曾　著
和青年朋友谈书法	沈尹默　著
中国画法研究	吕凤子　著
桥梁史话	茅以升　著
中国戏剧史讲座	周贻白　著
中国戏剧简史	董每戡　著
西洋戏剧简史	董每戡　著
俞平伯说昆曲	俞平伯　著　陈　均　编
新建筑与流派	童　寯　著
论园	童　寯　著
拙匠随笔	梁思成　著　林　洙　编
中国建筑艺术	梁思成　著　林　洙　编
沈从文讲文物	沈从文　著　王　风　编
中国画的艺术	徐悲鸿　著　马小起　编
中国绘画史纲	傅抱石　著
龙坡谈艺	台静农　著
中国舞蹈史话	常任侠　著
中国美术史谈	常任侠　著
说书与戏曲	金受申　著
世界美术名作二十讲	傅　雷　著

中国画论体系及其批评	李长之　著
金石书画漫谈	启　功　著　赵仁珪　编
吞山怀谷 ——中国山水园林艺术	汪菊渊　著
故宫探微	朱家溍　著
中国古代音乐与舞蹈	阴法鲁　著　刘玉才　编
梓翁说园	陈从周　著
旧戏新谈	黄　裳　著
民间年画十讲	王树村　著　姜彦文　编
民间美术与民俗	王树村　著　姜彦文　编
长城史话	罗哲文　著
天工人巧 ——中国古园林六讲	罗哲文　著
现代建筑奠基人	罗小未　著
世界桥梁趣谈	唐寰澄　著
如何欣赏一座桥	唐寰澄　著
桥梁的故事	唐寰澄　著
园林的意境	周维权　著
万方安和 ——皇家园林的故事	周维权　著
乡土漫谈	陈志华　著
现代建筑的故事	吴焕加　著
中国古代建筑概说	傅熹年　著
简易哲学纲要	蔡元培　著
大学教育	蔡元培　著 北大元培学院　编
老子、孔子、墨子及其学派	梁启超　著
春秋战国思想史话	嵇文甫　著
晚明思想史论	嵇文甫　著
新人生论	冯友兰　著

中国哲学与未来世界哲学	冯友兰　著
谈美	朱光潜　著
谈美书简	朱光潜　著
中国古代心理学思想	潘　菽　著
新人生观	罗家伦　著
佛教基本知识	周叔迦　著
儒学述要	罗　庸　著　杜志勇　辑校
老子其人其书及其学派	詹剑峰　著
周易简要	李镜池　著　李铭建　编
希腊漫话	罗念生　著
佛教常识答问	赵朴初　著
维也纳学派哲学	洪　谦　著
大一统与儒家思想	杨向奎　著
孔子的故事	李长之　著
西洋哲学史	李长之　著
哲学讲话	艾思奇　著
中国文化六讲	何兹全　著
墨子与墨家	任继愈　著
中华慧命续千年	萧萐父　著
儒学十讲	汤一介　著
汉化佛教与佛寺	白化文　著
传统文化六讲	金开诚　著　金舒年　徐令缘　编
美是自由的象征	高尔泰　著
艺术的觉醒	高尔泰　著
中华文化片论	冯天瑜　著
儒者的智慧	郭齐勇　著
中国政治思想史	吕思勉　著
市政制度	张慰慈　著
政治学大纲	张慰慈　著
民俗与迷信	江绍原　著　陈泳超　整理

政治的学问	钱端升　著　钱元强　编
从古典经济学派到马克思	陈岱孙　著
乡土中国	费孝通　著
社会调查自白	费孝通　著
怎样做好律师	张思之　著　孙国栋　编
中西之交	陈乐民　著
律师与法治	江　平　著　孙国栋　编
中华法文化史镜鉴	张晋藩　著
新闻艺术（增订本）	徐铸成　著
经济学常识	吴敬琏　著　马国川　编
中国化学史稿	张子高　编著
中国机械工程发明史	刘仙洲　著
天道与人文	竺可桢　著　施爱东　编
中国医学史略	范行准　著
优选法与统筹法平话	华罗庚　著
数学知识竞赛五讲	华罗庚　著
中国历史上的科学发明（插图本）	钱伟长　著

出版说明

“大家小书”多是一代大家的经典著作，在还属于手抄的著述年代里，每个字都是经过作者精琢细磨之后所拣选的。为尊重作者写作习惯和遣词风格、尊重语言文字自身发展流变的规律，为读者提供一个可靠的版本，“大家小书”对于已经经典化的作品不进行现代汉语的规范化处理。

提请读者特别注意。

北京出版社